# *Persian Sugar in English Tea*

## *A Bilingual Anthology of Short Poems and Haiku*

قند پارسی در چای انگلیسی
مجموعه ای دوزبانه از شعرهای کوتاه و هایکو

*Translated and Edited by*
*Soodabeh Saeidnia*
*Aimal Zaman*

ترجمه و ویراستاری
سودابه سعیدنیا
ایمل زمان

New York City
2018

Persian Sugar in English Tea
© The Author(s) 2018

SBN-13: 978-1981914128
ISBN-10: 1981914129

Printed by Createspace in the United State of America

Translator and Editor: Soodabeh Saeidnia
Co-Editor: Aimal Zaman

Book Design: Soodabeh Saeidnia
Cover Illustration: Seyedeh Masoumeh Hosseini
Children Illustrations: Jordan Trethewey; Image proofing by Jenn Zed

## سخنی با خوانندگان پارسی زبان

اینکه در این روزگار، پیشرفت علوم الکترونیک و کامپیوتر از یک سو و از سوی دیگر گستردگی اینترنت سبب شده که صنعت چاپ و پرینت کتاب بسیار تحت الشعاع وبلاگها، وب سایتها و کتابهای الکترونیک و کیندل قرار بگیرد، تنها دلیل عدم استقبال پارسی زبانان بویژه ایرانیان از خواندن کتاب نیست. تنها کتابهای کودکان و برخی کتابهای آموزشی برای ورود به دانشگاهها هستند که همچنان خریدار دارند. صنعت چاپ ارتباطی به هنر خواندن ندارد. آنچه ما در مدرسه نمی آموزیم هنر چگونه خواندن است. در آمریکای امروزی که من اکنون در آنجا بسر میبرم، بندرت کسی را میشود یافت که در مسیر رفت و یا بازگشت به خانه در مترو و یا اتوبوس مشغول مطالعه نباشد. برخی همچنان کتابهای کاغذی بدست دارند و گروهی کتابهای الکترونیک بروی تبلت ها و تلفن های همراه. حال آنکه وقت بسیاری از ما صرف شبکه های اجتماعی می شود. تلگرام، اینستاگرام و غیره هم برای تبلیغات تجاری و یا انتقال اخبار و شایعات خوب هستند و هم تنها جایی می باشند که می شود در آن اشعار ضعیف و عجیب (و گاه اشعار نیمایی و یا سپید!) را بنام مولانا و قیصر خواند و یا از نقل قولهای کوچه بازاری بنام افراد معروف - گاه درست و گاه دروغ – بهره برد! شگفتا، پیوند مردمی که زبان کوچه بازارشان در طول تاریخ با شعر آمیخته، با شعر و ادبیات و داستان چه سست شده است.

بخاطر دارم زمانی که من شروع به نگارش و چاپ کتاب بزبان انگلیسی کردم، دوست عزیز چندین و چند ساله ام به طعنه گفت: "سودابه برای خارجی ها کتاب می نویسد". من بیش از آنکه برنجم بفکر فرو رفتم که براستی چرا من دیگر علاقه ای به نوشتن شعر به زبان شیرین مادری ام - که عاشقش هستم - ندارم. آیا نه بخاطر اینکه مخاطب پارسی زبان اندک و حمایتش از نویسندگان زنده و در قید حیات در حد هیچ است؟ آیا نه به این خاطر که هر دوست هموطنی تا اسم کتاب شعر و داستان می آید انتظاردارد یک نسخه به او هدیه شود؟ اینکه هیچ کس برای صرف وقت و توان یک هنرمند، نویسنده و شاعر ارزشی بیش از به به و چه چه قایل نیست. بگذریم، نقد فرهنگی خودمان حکایتی دیگر است. حکایتی در حاشیه سایر مشکلات چاپ و انتشار کتاب در داخل ایران. ولی هر چه بود، سخن طعنه آلود دوستم سبب شد تا بیاندیشم که شاید واقعا خواننده ایرانی نیازمند نسیم خنکی است که روحش را تازه کند و تکرار اشعار حافظ و رومی و شاملو و نیما ... نباشد. شاعران بزرگواری که دوستشان داریم و به آنها مفتخریم ولی خواندن اشعارشان در قرن بیست و یکم نمی تواند به تنهایی پاسخگوی نیازهای ذهن خلاق آدمی در عصر الکترونیک، اینترنت و سفر به مریخ باشد. نسیمی که از سوی ترجمه اشعار و داستانهای نویسندگان دیگر ملل می وزد. در عصری که دوستان ما در فیس بوک و تویتر از صدها کشور مختلف هستند و زبان انگلیسی تنها واسطه پیوند ماست.

اینچنین شد که مصمم گردیدم به ترجمه اشعار انگلیسی شاعران زنده و حی و حاضر از کشورهای مختلف. در سال ۲۰۱۷ با کمک دوست فرهیخته و شاعر گرانقدر افغان، جناب ایمل زمان، کتاب " اهل کجایی؟" به چاپ بین المللی رسید. کتابی که حاوی اشعار شصت شاعر مختلف به زبان انگلیسی و پارسی بوده و به عکسهای زیبایی مزین شده که توسط عکاسان حرفه ای و گاها وطنی فرستاده شده اند. موفقیت در انتشار کتاب مذکور سبب شد تا بار دیگر عزممان را جزم کرده و مجموعه حاضر را که جلد اول از سری "قند پارسی در چای انگلیسی" می باشد، به چاپ برسانیم. اشعار کتاب حاضر از بیست و چهار شاعر انگلیسی زبان انتخاب شده و حاوی مضامینی از طبیعت، عشق، انسانیت، اخلاقیات و مدرنیسم می باشد. بخش "کودکانه ها" در پایان کتاب حاوی اشعاری بهمراه تصاویر دوست داشتنی از یک شاعر وهنرمند کانادایی است. امید است که نسل های نورسته را نیز در خواندن شعر به هر دو زبان سهیم کرده باشیم. از حمایت و نظرات سازنده دوستان و خوانندگان گرامی سپاسگزاریم.

سودابه - دیماه ۱۳۹۶

# Content

# Five Limericks

*Arthur C. Ford, Sr.*

## I

A rich centenarian named Bee
Who lived extemporaneously,
Never gave thought
To what she sold or she bought,
Just remembered that nothing was free.

## II

There once was a wife who was stout
Complaining she never went out,
Her husband heard the plea
And said, "I'll take you with me,"
"The next time the garbage goes out."

## III

There once was a piggy named Paul
His father, he never knew at all,
Then his mother one day
Said, "when your father passed away
The NFL made him a ball."

## IV

There once was a lady of Lot
Who cooked in a can, not a pot,
She ate on a slate
Instead of a plate
But at least her food, it was hot.


## V

A dramatic soprano named May,
Auditioned to sing in a play,
Her pitch went so high
Down from the sky
Came an angel with a contract to pay.

**Arthur C. Ford, Sr.** (poet/editor) was born and raised in New Orleans, La. While in college he performed parts in several plays and did the lead role in Ossie Davis's "Purlie Victorious". Acting catapulted him to writing and presently publishing poetry. He received a BS Degree from Southern University in New Orleans (SUNO), have travelled to 45 states of America, and resided in Europe for two years (Bruxelles, Belgium). He also spent 30 days (July/2011) throughout the country of India. His poetry, lyrics and prose have been published in many journals, magazines, etc. He presently lives in Pittsburgh, Pa., and continues to write and publish poetry. http://thepoetbandcompany.yolasite.com

**پنج لیمریک***

سر آرتور سی فورد

**I**

روزی روزگاری
مرد صد ساله ثروتمندی
بنام "زنبور" زندگی می کرد
که بی خیال از خرید و فروش های زنش بود
تنها چیزی که بیاد داشت این بود که هیچ چیز رایگان نیست

**II**

روزگاری زن چاقی بود
که از بیرون نرفتن شکایت داشت
شوهر که تقاضای زن را شنید
گفت: "حتما ترا با خود خواهم برد
دفعه بعدی که زباله را ببرم"

**III**

روزی بچه خوکی بنام "پال" می زیست
که پدرش، هرگز او را ندیده بود
یک روز مادرش گفت:
"وقتی پدرت فوت کرد
لیگ ملی فوتبال، برایش یک توپ ساخت"

---

**\* یادداشت مترجم:** لیمریک نوعی از شعر طنز و فکاهی است که دارای فرم ثابتی می باشد. بدین ترتیب که شعر در پنج بیت (لاین یا خط) مختلف سروده شده و قافیه دار است. ابیات اول، دوم و پنجم هم قافیه می باشند و ابیات دوم و سوم نیز که کوتاهتر از بقیه هستند با یکدیگر هم قافیه اند.

## IV

زمانی زنی می زیست از اهالی لات

که بجای دیگ در قوطی غذا می پخت

جای بشقاب تخته سنگی داشت

که غذا را بروی آن می ریخت

و داغا داغ نوش جان می کرد

## V

"می" نام زنی بود که صدایی ششدانگ داشت

در نمایشی بروی صحنه رفت تا آواز بخواند

صدایش آنقدر بالا گرفت

که فرشتگان فرود آمدند

تا با او قرار داد ببندند

# STEM

*Bob Heman*

at the root there is time
& in time we get to
the root of it & see why
through time the root
draws its nourishment
from the soil surrounding
letting it keep on until
its time runs out & it
lives on only in its seeds
& in the seeds of those seeds
& so on until time itself
becomes the root that
draws all space into its
once & incredible bloom

**Note:** previously published in *NEDGE.*

# WAKING
*Bob Heman*

in my dream
i remembered a
dream i had
forgotten but in
my dream it
was no dream

**Note:** previously published in the *BREVITAS* event book.

# "the first word"
*Bob Heman*

the first word
she said
was a school
in the woods

she tried
to enter it
but there was
no information
inside

**Note:** previously published in *HOUSE ORGAN.*

# ENTERED

*Bob Heman*


entered
a different
entrance
and found
everything
changed
even though
it was
exactly
the same


**Note:** previously published in *OTOLITHS*.

**Bob Heman**'s poems have appeared recently in *New American Writing, Caliban online, Otoliths, Uut Poetry,* and *Reaedr*, and in the anthology *The Other Side of Violet* (great weather for MEDIA). He has edited *CLWN WR*, formerly *Clown War*, since the early '70s. His words have also been translated into Spanish, Arabic, Italian and Hungarian. Recently he has been working on a series of collaborations with Cindy Hochman. He is also a collage artist.

**ریشه**

باب همن


در ریشه، زمان جاریست
و در زمان است که ما
به ژرفای ریشه پی می بریم
و در می یابیم که چرا ریشه
در گذر زمان
از خاک پیرامونش تغذیه می کند
و این کار را ادامه می دهد
تا اینکه زمانش بسر رسد
از آن پس تنها در دانه ها می زید
و در دانه های آن دانه ها
و همچنان ادامه می یابد تا آنکه زمان
خود نیز تبدیل به ریشه می شود
و بناگاه تمامی فضا را در خود می بلعد
و چه شگفت انگیز می شکفد


**بیداری**

باب همن


در خواب
رویایی را بیاد آوردم
که فراموش شده بود
اما در درون رویایم
هیچ رویایی نبود

## "اولین کلمه"
### باب همن


اولین کلمه ای
که او گفت
این بود که مدرسه ای
در جنگل وجود داشته

که او کوشید
تا واردش شود
ولی هیچ اطلاعاتی
در درون آن نبوده است


## وارد شده
### باب همن


از در متفاوتی
وارد شده
و دریافتم
که همه چیز
تغییر کرده
بااینکه
آنجا
دقیقا
همانی بود
که بود

## Norah
*Bob Whitmire*


We find
our granddaughter
mustering all her
3-year-old powers

to put
a waxy green leaf
from the jade tree
back on the branch
from which it fell.

We stand,
not daring to breathe,
expecting an audible
click
as the leaf slips back into place.


## A Haiku
*Bob Whitmire*


He speaks in whispers
Beside the thundering falls
Expects to be heard

# No Poetry
*Bob Whitmire*

Waning gibbous moon rises late,
finds me at my desk
writing a poem I meant to write
today--but didn't because
the sun warmed, the easy breeze
cooled and I could not sit inside
at my writing table and squander
such beauty, so spent my daylight
hours walking along granite
trimmed shore, motorcycling
on twisty back roads beside
quiet rivers until the breeze
chilled and the sun began
its final descent, prompting
this unscheduled night session
at the writing table.


# Untitled
*Bob Whitmire*

I'm sure
moons fly by faster now,
propelled by cold white fire—
or perhaps that's just cataracts
braiding moon glades in my eyes.

**Note:** First published in *One Sentence Poems*, April 21, 2017, under the name Robert Lee Whitmire.

# Swarming Poets
*Bob Whitmire*

resemble Mesoamerican guerrillas or Eritrean bandits,
except they are easily distracted by sunlight winking

in drops of water on a lilac leaf, or the snowflake
blowing north while all the others blow south,

which gives rise to words tangled as vipers rushing
to drape Euryale's shorn head after an ill-advised buzz cut.

Suddenly, gunfire erupts and the swarm races to aid
the ambush of federales or Haile Selassie's secret police,

arriving late as usual to find only carnage of clauses,
wreckage of rhymes and meters, and themselves

disguised as a cackle of hyenas shredding the flesh
of luminiferous words for a new or different taste.

**Bob Whitmire** is a retired journalist, soldier, and social worker. He currently enjoys retirement with his wife in Maine, writing, riding his motorcycle, and attending one-word-at-a-time Farsi lessons taught by his four-year-old half-Persian granddaughter.

## نورا
### باب ویتماير


ما نوه سه ساله خود را
در حالی یافتیم
که تمامی توانش را
جمع می کرد

تا برگ مومی سبز رنگی را
که از درخت جید فرو افتاده بود
به شاخه اش باز گرداند

ما ایستاده ایم،
بی آنکه جرات نفس کشیدن داشته باشیم
منتظر شنیدن صدای "کلیک" هستیم
در حالیکه برگ به جای اولش سر می خورد


## هایکو
### باب ویتماير


او زمزمه کنان سخن می گوید
در رگباری با غرش تندر
و انتظاردارد که صدایش شنیده شود

## بی هیچ شعری
### باب ویتمایر


قرص ماه - رو به افول- دیرگاه بیرون می آید
و مرا پشت میزم می یابد
در حال نوشتن شعری که امروز قصد نوشتنش را داشتم
اما چنین نشد چرا که خورشید گرم و نسیم خنک
نگذاشتند که پشت میزم بمانم
و چنین زیبایی را هدر دهم
پس تمامی روز را با ساعتها پیاده روی سپری کردم
در طول ساحلی مرمت شده با سنگهای گرانیت
و با موتور در جاده های پر پیچ و خم پشتی
در حاشیه رودخانه های آرام، راندم
تا آنگاه که نسیم، سرد شد و خورشید فرو رفت
و چنین شد که بی هیچ برنامه ای از پیش
پشت میزم می نویسم




## بدون عنوان
### باب ویتمایر


من اطمینان دارم
که قمرها اکنون سریعتر پرواز می کنند
با نیروی جلوبرنده ای از آتش سرد و سفید
یا شاید این فقط آب مروارید باشد
که تصویر قمر را در چشمم می بافد

**ازدحام شاعران**
باب ویتمایر


به جنگجویان آمریکای مرکزی و یا راهزنان اریتره می مانند
با این تفاوت که بسادگی با چشمکی از آفتاب پراکنده می شوند


همچون قطرات آب روی برگ های شب بو و یا دانه برفی
که به سوی شمال می رود درحالیکه دیگر دانه ها، رو به جنوب


چشمکی که سبب می شود واژگان برآیند و و همچون مارها
در هم تنیده شوند و پیرامون سر اژدها (اوریال)* بیاویزند


ناگهان اسلحه شلیک شده و مسابقه آغاز می گردد
برای یاری مأمورین فدرال و یا پلیس های مخفی که در کمینند


معمولا دیر می رسند و فقط عبارات قتل عام شده را می یابند
قافیه ها و وزنهای تخریب شده را


و خود پنهان می شوند همچون صدای کفتاری که لاشه ای را می درد
لاشه واژگانی که نور می افشانند برای ذایقه های نو و متفاوت


* **یادداشت مترجم:** اوریال در اساطیر یونان، نام یکی از سه هیولایی است که مثل مدوسا بجای مو، مارهایی بر سرشان می رویاندند.


15

# Cold Mountain Dream
*Charles Braddy*

The blue mountain is gray,
wind hurts,
shivering crows are hiding out.
This snow won't melt.

Winters fist,
burying fist.

I am falling
down a mountain without lifts.
I am buried.

I am somewhere,

frozen,

quiet.

The stars are beautiful,
they have
my dream,
I will not sleep.

**Charles Braddy** is a poet and a painter. He started writing in the 1990's, and his work has been published in several books, newspapers and magazines including 2018's, *Colorado's Best Emerging Poets*, Z Publishing House. His current base of operations is in Northern Colorado, USA. His weblog: CharlesBraddyArt.wordpress.com; Facebook: Charles Braddy Poet/Explorer.

## رویای سرد کوهستانی
### کارلوس بردی


کوه غمگین برنگ خاکستری است
باد شلاق می زند،
کلاغ های لرزان پنهان شده اند
این برف ذوب نخواهد شد


مشت زمستان
مشت مدفون کننده


من در حال فرو افتادنم
به پایین کوهی که هیچ راهی به بالا ندارد
من دفن شده ام


در جایی هستم
منجمد،


ساکت


ستارگان زیبا
رویای مرا می بینند
من نخواهم خوابید

## Sea Glass

*Claudine Nash*

At some point you began the process
of becoming sea glass; hazel green

shards of torn bottle nursed on algae
and kelp, twisted to sleep by channels

of lenient sand who draw your surface
from memory, erasing the outline of your

eyes in half-speed until they no
longer pull at my fingerprints. Cast into

the sound in May, I will find you between
mussels and an icy foam, when I can

run my finger down your side,
pick you up in my ungloved hand.

**Note:** Previously published in *The Westchester Review.*

## After Cloud Cover

*Claudine Nash*

I am waiting for the day
to announce itself
in fiery streaks of
red and pink.

Instead, the night
simply drains itself
from the sky

offering
just enough light
to reveal a footpath
into the wild field.

Now slowly I see
where my feet
need to be

and exactly
what needs
to be done.

**Note:** Previously published in *The Compassion Anthology*.

# Backwoods

*Claudine Nash*


Here is the answer to the question
you would never know to ask:

The space between the firs and
high grass where the mushrooms
rise silently under
fallen needles
is the place
where I come to need you
the only way I can make
that need known
in this lifetime,

quietly,

from the backwoods.


**Note:** Previously published in *Peeking Cat Poetry Magazine*.

**Claudine Nash** is an award-winning poet whose
collections include *The Wild Essential* (Kelsay Books, 2017)
and *Parts per Trillion* (Aldrich Press, 2016) as well as the
chapbook *The Problem with Loving Ghosts* (Finishing Line
Press, 2014). Internationally published, her work has
appeared in a wide range of publications including
*Asimov's Science Fiction*, *BlazeVOX*, *Cloudbank*, *Haight
Ashbury Literary Journal*, and *Dime Show Review*. She is also
practicing psychologist.
Website: www.claudinenashpoetry.com

## سنگ شیشه ی دریایی
### کلاودین ناش


زمانی فرا می رسد که تو
به شیشه دریایی بدل خواهی شد،

به تکه های یک بطری شکسته برنگ سبز عسلی
پوشیده با جلبک و کتانجک*، آرمیده در کنار کانال هایی

مملو از شن های روان که چهره ات را
با خاطرات ترسیم کرده و طرح چشمانت را

با کندی پاک خواهد کرد تا آنکه دیگر
آنها بر نوک انگشتانم نچسبند

در اردیبهشت روح نواز
ترا میان صدفها و کف های یخی خواهم یافت،

و آنگاه که بتوانم با سرانگشتانم کناره هایت را لمس کنم
ترا با دستان برهنه ام بر خواهم داشت


* **یادداشت مترجم**: شاعر از واژه کلپ (kelp) استفاده کرده که در فارسی بنام هایی چون کتانجک و اشنه دریایی نیز گفته می شود.

**پس از ابرناکی**
کلاودین ناش


من چشم براه آن روزی ام
که با رگه های آتشین
به رنگ های سرخ و صورتی
اعلام حضور کند

در عوض، این شب است
کز آسمان فرو می ریزد

و با تقدیم اندکی روشنایی
برای یافتن ردپاهایی
که به جنگل وحشی منتهی می گردند،
یاری ام می کند

اینک من اندک اندک
می بینم که کجا
باید قدمهایم را بگذارم

و هر آن کاری را
که باید انجام بدهم
در می یابم

## جنگل های دور دست
*کلاودین ناش*


این هم پاسخی است برای سوالی
که نمی دانستی باید پرسید:

در فاصله ی میانِ درخت های صنوبر
و علف های بلند،
جایی که قارچها در سکوت،
از زیر خارهای فرو افتاده
سر بلند می کنند،
جایی است که من
از نیازم با تو می گویم
یگانه جایی که من
می توانم از نیازهایم در زندگی
پرده بردارم

بی سر و صدا،

از جنگل های دور دست

## Stoned
*Des Mannay*

I'm like a pebble on a beach
with shingle running over me -
A scraping of ecstasy
with the passing of the tides
which are over too soon,
and I am left alone again
With the sun beating down on me -
bleaching me white
and baking the residue of salt
Until I crack -
at least inside I feel I do
But this is never really true
Appetite's whetted by the sea in you -
in reality
you were a piece of shingle
which was soon past
And only myself, the sun and sand
are still here
The skimming stone of life goes on.

**Note:** It was first published in the *'No Tribal Dance'* anthology in the UK in 2017.

# The Track Less Travelled
*Des Mannay*

Lost in the
forest of
uncertainty.
Transitory -
I think
the future
is another country,

the present
a border crossing,
the past a
dusty dirt track.
But there are
Diamonds in
the dust.

**Des Mannay** is the winner of the 'rethinkyourmind' poetry competition (2015), and placed 2nd and highly commended in the Disability Arts Cymru poetry Competition (2015). Gold Award winner in the Creative Futures Literary Awards (2015), shortlisted for the erbacce-prize for poetry (2015, and 2016), Welsh Poetry Competition (2015), The John Tripp and Idris Davies poetry competition; part of Rhymney Valley Literature and Arts Festival 2016, and the Disability Arts Cymru poetry Competition (2016). Des has performed at numerous venues, and published in *'I Am Not A Silent Poet'* online journal, *The Angry Manifesto, Proletarian Poetry, Yellow Chair Review, Indiana Voice Journal, Stand Up And Spit, Red Poets, The Scum Gentry* and work in a number of poetry anthologies. Des is on Facebook as "The stuff wot I wrote' Des Mannay - hooligan Poet" and Twitter as "@hooliganpoet".

سیاه مست

دس منی


من همچون سنگریزه ای در ساحلم
همچنانکه تلی از سنگریزه ها بر من فرو می ریزد
خراشهایی از سرمستی می نشیند بر پیکرم
در عبور جزر و مد دریا
که چه زود بپایان می رسد
و من دوباره تنها می مانم
با تلنگر خورشید، سفید و نمک سود می شوم
تا آنگاه که می شکنم
با حسی چنین در درونم
اما این تمام واقعیت نیست
اینکه دریا را در درونت داشته باشی وسوسه برانگیز است
و اینچنین است حقیقت
تو سنگریزه ای بودی
که خیلی زود سپری شد
و من تنها مانده ام، خورشید و ماسه ها
که هنوز اینجا هستند
و چرخش سنگ زندگی که همچنان ادامه دارد



گذرگاه خلوت

دس منی


در جنگلی از عدم قطعیت
گم شده ام
گذار -
من چنین می اندیشم
که آینده
کشور دیگری است
اکنون
یک گذرگاه مرزی است
گذشته
مسیری غبار آلود است
ولی مگر نه که الماس
در گرد و غبار یافت می شود

# NERUDA IN MY KITCHEN
*Diane DeCillis*


Think pie. Tender pastry
anointed with golden moons
of butter, ethereal crust
filled with cherries the color
of a savage harvest,
                                its scent,
prey for the crazed puma
prowling the hollow street
of your hunger.
                        Luminous
slice—a sonnet written
in stains of crimson,
nectars of cerise.
                        Let each bite
linger on your tongue—
flowering stars pulsing
with red laughter.
                        Because
my darling, when the pie
is gone you will miss it, the way
a lonely house would miss
its only window. Repeat,

*I pace around hungry,*
*sniffing the twilight,*
*hunting for you,*
*for your hot molten heart.*

# HEARTBREAK NUMBER ONE
*Diane DeCillis*


Your finger, its flesh cocoons a sliver — splinter
from a sheltering tree. To remove it would ache, to keep it
would ache, like the smooth veneer that betrayed you.
This wound needs your attention, will redden its lips,

weep its sap, interrogate until your finger wags
its broken compass, find solace in the cooling air.
Oak maple willow elm, limbs reaching beyond
your homey yard, to sprawl in tangled wilderness.

How exquisite, how delicate, our sense of touch,
and how we are touched by what is broken.
This tree — its roots coil your finger
too remind you, certain kisses will scar.

Heat is strong. Pain is strong. Passion is strong.
And now everything strong leaves you weak.

# A MUSCATO GRAPE SPILLS FORTH
*Diane DeCillis*


As I got on the plane in Italy,
I looked through my glass eye,
saw the sky one last time,
that barefaced blue-that-I-love sky,
blue as the Adriatic washing over me,
and I said, *Good-bye my lovely home* —
which it was, because that sky followed me
and at night it didn't forget me;
slung the moon so low, I swallowed it,
the way topaz swallows light,
and my skin grew straw-colored,
luminescent as I watched stars
stipple the sky with tiny celebrations,
watched them form clusters, one
for each ripening bunch, and I slept
in this lamp-lust extravagance,
slept with my roots buried deep
in the loam, beneath this shelter of blue,
amid the aroma of peach and honey.


**Note:** Recommended wine pairing for this poem:
*2000 La Serra Moscato D'Asti*

# IN A DREAM MY SKIN
*Diane DeCillis*


seemed like rag paper, the kind
that absorbs watercolors.
Every so often a vein would
hemorrhage beneath the flesh
of my forearm. I'd watch it
spread the way ink spreads on
a blotter. It was as if my pulse,
or even my heart was made
visible.
        I tried to stop
the bleeding, the spreading,
but couldn't. And the doctors
didn't know what to do. Hard to
resist watching it, a scarlet
peony blooming fast-forward
as if death had considered
my love of beauty.


**Diane DeCillis**, born in Detroit, Michigan owned an award-winning art gallery for over 33 years. Her first poetry collection *Strings Attached* (Wayne State Univ. Press, 2014) has been honored as a Michigan Notable Book for 2015, won The 2015 Next Generation Indie Book Award for poetry, and was a finalist for the Forward Indie Fab Book Award for poetry. Her poems have been nominated for three Pushcart Prizes, and Best American Poetry. Poems, short stories and essays have appeared in *CALYX, Evansville Review, Minnesota Review, Nimrod International Journal, Connecticut Review, Gastronomica, Rattle* and numerous other journals.

# نرودا در آشپزخانه من
## دایان دسیلیس


به "پای" فکر کن
شیرینی تردی که با کره طلایی تدهین شده
پوسته نازکی پرشده از گیلاس های سرخ
که حکایت از برداشت بی رحمانه محصول می کند
عطر و بوی آن

طعمه ای برای شیر کوهی
که در خیابان گرسنگی ات پرسه می زند
درخشان

برشی از آن همچون غزلی است
که با جوهر سرخ نگاشته شده
مانند شهد خونی

بگذار که هر لقمه اش
بر زبانت درنگ کند
و ستارگان گلدار
با خنده ی سرخی چشمک بزنند
چراکه عزیزم،
وقتی "پای" تمام شود
تو برایش دلتنگ خواهی شد
درست مثل خانه ای تنها
که برای تنها پنجره اش دلتنگ می شود


با گرسنگی قدم می زنم
گرگ و میش را بو می کشم
برایت شکار می کنم
برای دل گرم و آرامت

## بزرگترین دل شکستگی
### دایان دسیلیس


گوشت انگشت تو پیله ای است بر گرد شکافی نقره ای بر یک درخت
برداشتن آن دردناک است و نگه داشتن آن نیز
همچون پوشش نرمی است که مرتکب خیانت شده
این زخم نیازمند توجه توست، لب هایش را سرخ کرده


از ترواش آن بنال، از او دلجویی کن تا اینکه انگشتت
قطب نمایش را تکان دهد، در هوای خنک تنهایی گزین
بلوط، افرا، بید و نارون با شاخساری گسترده تا فراسوی
حیاط خانه ات، مکانی است در هم تنیده با طبیعت وحشی


چه ارزشمند و لطیف است حس لامسه ما
و چگونه است که هر شیء شکسته ای، احساسمان را بر می انگیزد
این درخت - ریشه هایش چون فنری گرد انگشتت پیچیده
تا بیادت آورد که جای زخم برخی بوسه ها بجا می ماند


گرما قوی است، درد قوی است، شور قوی است
و اکنون هر چیز قدرتمندی، تو را ضعیف می کند

# قطراتی از آب انگور سبز
## دایان دسیلیس

سوار بر هواپیما در ایتالیا،
از شیشه به بیرون نگاه کردم
برای آخرین بار آسمان را دیدم
آن آسمان آبی بی لک که عاشقش هستم
آبی، چونانکه دریای آدریاتیک سراپایم را خیس کند
و گفتم: بدرود خانه دوست داشتنی من
این چنین بود که  آسمانش مرا دنبال کرد
وشباهنگام تنهایم نگذاشت
ماه چه پایین بود، من آنرا بلعیدم
آنچنانکه "توپاز" نور را می بلعد
و پوستم کاهی رنگ شد
و می درخشید درحالیکه من ستارگان را تماشا می کردم
آسمان با جشن های کوچکی نقطه گذاری شده بود
تماشایشان کردم که چگونه خوشه خوشه می شوند
یکی برای هر دسته رسیده، و من بخواب رفتم
در این چراغانی مجلل
با ریشه هایی فرو رفته در ژرفا
در زیر این پناهگاه آبی،
در عطر هلو و عسل بخواب رفتم

**پوستم در رویا**
دایان دسیلیس


مانند کاغذ مندرسی
که آبرنگ را جذب می کند
گاه گداری یک ورید نیز
در زیر گوشت ساعدم خونریزی می کند
انگار من آنرا تماشا می کنم
که پخش می شود همانند جوهر بر صفحه کاغذ
گویا نبضم و یا قلبم
از جنسی قابل رویت ساخته شده
سعی کردم آنرا متوقف کنم
خونریزی، گسترش آن،
اما نتوانستم و پزشکان نیز
نمی دانستند چه کنند
سخت است که تماشایش نکنی
گل سرخی که با سرعت می شکفد
تو گویی مرگ نیز
از عشق من به زیبایی آگاه است

# Dream Street

*Donald Krieger*

I left her the house and got a place on Torley.
Each night the neighbors put chairs on the sidewalk,
turn the TV face out, drink Iron City and watch the kids
play in the street. I get home from work at 6 or 10
or 2, shower and then sleep with eyes open:

a child shrieking on a hospital gurney, her spine filleted
and straightened, the smell of burning in my hair,

a new mother life-flighted from the mall, brain shifting
in the scanner, crushed by bleeding while we watch.

We drink coffee and wait while a father facing doom in our hands
says good bye to his children.

Each day I pedal in over the Bloomfield Bridge,
or drive when called at night, never dreaming
what will come next.

**Note:** "Dream Street" appeared online recently at *VerseWrights*.

# Bob and Autumn

*Donald Krieger*


Autumn's talent brought them to Pittsburgh
She ran the seizure unit at Magee
It was Bob's idea that we might work together.
She died just after the Boston bombing.

Bob's son had been there; he was on crutches at the reception
A line of us greeted Bob
When he saw me he burst into tears.
Bob was arrested two months later.

Autumn was killed with cyanide.
My wife is gone too,
her twenty thousand per day hospital care
ended with morphine on my consent.

Bob got life without parole
I'm in love again.
I know there's a difference between us
I have not found what it is.


**Note:** "Bob and Autumn" appeared online recently at *VerseWrights*.


**Don** is a biomedical researcher living in Pittsburgh, PA. His poetry has appeared or is forthcoming online at *TuckMagazine.com, Uppagus Magazine, VersWrights, Fragile Lilacs,* and *Snap Dragon*, and in print in *Hanging Loose* (1972), *Neurology* (Sep 12, 2017), and *The Taj Mahal Review* (December, 2016).

**خیابان رویا**
دونالد کریگر

من خانه را برایش گذاشتم و به جایی در "تورلی" رفتم
هر شب همسایه ها صندلی ها را در پیاده رو می گذارند
تلویزیون را رو به بیرون کرده، "شهر آهنی " را تماشا می کنند
و کودکانی را که در خیابان مشغول بازی هستند، می پایند
من در ساعت شش، یا ده، ویا دو از کار بر می گردم، دوش گرفته و با چشمان باز می خوابم:

دختر بچه ای بر چرخ بیمارستان ناله می کند، ستون فقراتش شکافته
و من بوی سوختگی در موهایم را استشمام می کنم

یک تازه مادر را از فروشگاه با هلیکوپتر می آورند، تغییرات مغزی در اسکنر،
و او از خونریزی از پای در می آید زمانی که ما تماشا می کنیم

ما قهوه می خوریم و منتظر هستیم تا اینکه پدری
که در دستان ما زجر می کشد، با فرزندانش وداع کند

هر روز بروی پل "بلومفیلد" پدال می زنم
یا رانندگی می کنم اگر فرا خوانده شوم
حال آنکه در رویا هم نمی بینم که چه پیش خواهد آمد

37

# باب و آتم
## دونالد کریگر

استعداد "آتم" آنها را به پیتزبورگ آورد
آتم در واحد صرع در "مگی" مشغول شد
این ایده باب بود که شاید ما بتوانیم با هم کار کنیم
آتم بعد از بمب گذاری در بوستون در گذشت

پسر باب آنجا بود، او در محل پذیرش روی صندلی نشسته بود
صفی از ما به باب خوش آمد گفت
هنگامی که او مرا دید، دیدگانش پر از اشک گردید
باب دو ماه بعد دستگیر شد

آتم با سیانور کشته شده بود
همسر من هم رفت
روزی بیست هزار هزینه درمان در بیمارستان
با تزریق مرفین - با رضایت من- به پایان رسید

باب زندگیش را بدون آزادی در حبس سپری کرد
من دوباره عاشق شدم
و می دانم که میان ما تفاوتی وجود دارد
ولی آنرا پیدا نکرده ام

# Unspoken

*Elizabeth S. Wolf*


A whale's bellow contains
all the words we've never said.
The sound travels for miles,
booming,
submerged. The throb is echoed
in the hollow bones of birds,
in the empty shells of
abandoned cocoons, in the pulse
beating at the base of your throat:
tentative, insistent,
exposed. Too shy to say what I feel
I kiss you there,
lay my head down over your heart,
hear the whale's call.


**Note:** first appeared in *Poet's Corner, MethuenLife*, October 2017.

## This Is the Way
*Elizabeth S. Wolf*

This is the way
the world ends: with an orgasmic sigh
and a saxophone wail, with a howling dog
and a gibbering monkey
chanting their prayers, with
whistling teapots falling silent
and rustling leaves whispering
"nevermore", with lights and sirens
flaring and lovers swearing
at each other, with children reciting the alphabet
backwards as their parents dance to
displaced tunes, and the sky soars away
as the Big Bang shatters into
thousands of lingering whimpers.
This is the way the world ends;
please stand by.

**Note:** first appeared in *Merrimac Mic: gleanings from the first year*, April 2015.

# She Wants

*Elizabeth S. Wolf*

She wanted to build a house;
I chopped off both my arms.
She wanted to sail away;
I chopped off both my legs.

I gave her everything I had;
gave it all up, for her.
I offered my heart but she
wanted to fly. All I am now
is stumps.

She is not happy yet, but
I will not hear her cry.
I chopped off both my ears.

**Elizabeth S. Wolf** writes because telling stories is how we make sense of our world, how we connect with our world, how we heal, and how we celebrate. Elizabeth lives and works in Massachusetts. She has published poetry in anthologies, *Amherst Storybook Project*; *Mosaics: A Collection of Independent Women,* Volume 1, and *The Best of Kindness: Origami Poems Project*; as well as journals, *New Verse News, Scarlet Leaf Review, Peregrine Journal* and *MethuenLife*. Her chapbook *"What I Learned: Poems"* was published by Finishing Line Press in October 2017. You can find her at amazon.com/author/esw.

## نا گفتنی
### الیزابت اس. وولف

بخش زیرین یک نهنگ
تمامی واژگانی را داراست که ما هرگز نگفته ایم
صدا فرسنگها راه را می پیماید
می پیچد،
غرق می شود
ضربان در استخوانهای توخالی پرندگان پژواک می کند
در پوسته های خالی پیله های ابریشم
در نبض پایه ی گلویت
تجربی و تکرار شونده
در معرض دید
شرمگین می شوم که بگویم چه حسی دارم
وقتی گلویت را می بوسم
سرم را روی قلبت گذارده
صدای نهنگ را می شنوم


## اینگونه
### الیزابت اس. وولف

اینگونه جهان به پایان می رسد: با آهی از اوج لذت
و ناله یک ساکسیفون، با هیاهوی یک سگ
و در حالیکه یک میمون دعاهایشان را بلغور می کند
وقتی صدای سوت قوریهای چای خاموش می شود
و برگها خش خش کنان زمزمه می کنند:
"هیچ کجا"
با چراغ ها و آژیرهایی که شعله می کشند
و عشاقی که قسم می خورند به یکدیگر،
با کودکانی که الفبا را بر عکس می خوانند
در همان حال که والدینشان با آهنگهای آواره می رقصند
و آسمان اوج می گیرد
همانطور که انفجاربزرگ تکه تکه می شود
به هزاران ناله که درنگ کرده است
اینگونه است که جهان پایان می یابد
لطفا کمی بایست!

## خواهش های او

### الیزابت اس. وولف

او می خواست خانه ای بسازد
من هر دو بازویم را خرد کردم
او می خواست به  دریا بزند
من هر دو پایم را بریدم

هرچه داشتم به او دادم
همه چیز را برایش رها کردم
قلبم را به او پیشنهاد دادم،
اما او می خواست پرواز کند
همه آنچه که همینک من هستم
کنده درختی است

او هنوز خوشحال نیست،
اما من نمی گریم
آخر هر دو گوشم را بریده ام

# Song of the City
*Ellen Pober Rittberg*


Awash in ginkgo leaves on street
Fans discarded        others brittle curled turning in
human life at terminus and knowing it:
receding
I photograph my shoe perpetual motion
Man as whirligig but smooth, man the purveyor
I buy life I sell it
To myself mostly
sunrise's umbilicus obscured by objects urban
seen as nectarine band splayed across horizon
Uncooked omelet
I perceive them all:
doorways sidewalk art
One says 'protect yo heart' and I do.
I gird it   unburthen it rarely and to few
Oh, the solitary life is a lovely life
is a lonely life is a riff on melody
A roundelay of song
And ah and so
.I sing it lustily long

# Remembering Max Wheat, Nature Walk
*Ellen Pober Rittberg*


sparrow   robin  all song
red-winged blackbird rash percussive
a street band
ring necked pleasant tail long  string of
a wind- up toy: floating  milkweed

I like the Russian olive tree
its leaves open penetrating my nostrils
combining with my lungs
but I like it closed
each pendulous bud a promise

tree swallow overhead close enough to touch
"a flicker of sardine light," I say
"that's a poet thinking, Max says
"write it down," he commands and I do
as I spy a wagon rut a century old

see pocked white stones shards of ancient columns
pet last year's grass now etiolated soft as puppy's fur
I must go must resolve to walk again where Whitman walked on this last
remaining prairie east of the Mississippi. Adieu!

# Forest : Waldeinsamkeit

*Ellen Pober Rittberg*

Carolina wren I beg you
Show yourself
Your liquid pure sound
From highest arch
Has song ever been this clear
This sound discernment
Not like the mockingbird
Tail high, prone to pronouncement
Why imitate at all when your repertoire
Is so varied,   piano player in large hotel.

There's a special place in my heart
For fungus spectral white or buttercup yellow
scalloped capped or cupped
And clouds that hover devoid of omen

And rocks ragged jagged
Some composite
Once pyroclastic
Waldeinsamkeit
My natural juice
My equipoise

**Ellen Pober Rittberg** is a poet and playwright and the author of a humorous parenting book and a chapbook, *Consider the Constellations*. A former journalist, her poems and short stories have been published in *Brooklyn Quarterly, Long Island Quarterly, Kansas Quarterly, Slowtrains, Wheelhouse, Santa Fe Writers Project* and other online journals. By day, she is an attorney.

**ترانه شهر**
**الین پوبر ریتبرگ**


غرق در برگ های گینکو در خیابان ام
دوستداران رفته اند
دیگران نیز ــ شکننده- در تخت خود چمبره زده اند
وقتی آدمی در می یابد که انتهای زندگی اوست
عقب نشینی می کند
من دائما از کفشم عکس می گیرم
آدمی مثل فرفره است ولی از نوع نرمش،
آدمی فروشنده است
من زندگی را خرید و فروش می کنم، البته بیشتر به خودم
ناف آفتاب بهنگام طلوع با غبار شهری تار شده
و همچون نواری برنگ هلو در سراسر افق پخش گردیده
مثل املت نپخته
من همه اینها را درگاهی می دانم
بسوی آثار هنری پیاده رو ها
یکی می گوید: "مراقب قلبت باش" و من هستم
من قلبم را مجزا کرده و بارش را به اندکی کاسته ام
آه، زندگی انفرادی یک زندگی دوست داشتنی است
زندگی تنها، یک ریف از ملودی است
یک قطعه کوتاه از آهنگ
و آه و ...
مدتهاست که آنرا با تمام نیرو می خوانم

## بیاد مکس ویت، پیاده روی در طبیعت
### الین پوبر ریتبرگ

گنجشک و سینه سرخ به تمامی ترانه اند
پرنده سیاه با بال قرمز، موسیقی می نوازد
انگار یک گروه موزیک خیابانی است
با حلقه ی دور گردنش و دم بلند زیبا
همچون تار یک ساز بادی : گلهای یک استبرق شناور

من درخت زیتون روسی را دوست دارم
بوی برگ های گشاده اش در مشامم می پیچد
با ریه هایم آغشته می شود
ولی برگ های ناشکفته اش را نیز دوست دارم
هر جوانه ی آویزان، خود عهدی است

پرستو روی درخت بالای سرم آنقدر نزدیک است که می شود لمسش کرد
من می گویم "سوسوی نور ساردین است "
مکس می گوید: "این تفکر شاعرانه است"
و توصیه می کند: "آن را بنویس،" و من می نویسم
در همان حال که یک واگن زنگ زده قدیمی از قرن پیش را می پایم

سنگهای سفید و خرده ریزه های ستونهای شکسته باستانی را می بینم
علف های جوان سال گذشته، اکنون به سپیدی و نرمی موهای یک پاپی هستند
باید بروم، باید تصمیم بگیرم که دوباره - در مکانی که "وایتمن" قدم زده بود- راه بروم
در این آخرین دشت باقیمانده در شرق می سی سی پی، بدرود!

# جنگل*
## الین پوبر ریتبرگ


چکاوک کارولینا، من التماست می کنم

خود را نشان بده

صدای روان و بی آلایشت را

بر بالاترین طاقی نشسته ای

و چنین شفاف آواز می خوانی

صدایی چنین شاخص

شبیه صدای مرغ مقلد نیست

با دمی رو به بالا، شبیه خواندن اعلامیه است

تقلید چرا، وقتی ذخایری چنین غنی و متنوع داری

همچون نوازنده پیانو در هتلی بزرگ


در قلبم جایگاه ویژه ای هست

برای قارچ سفید یا کرم رنگ

که همچون گوشماهی ها و یا فنجانهایی بیرون زده اند

و ابرهای شناوری که فارغ از نشانه اند

و صخره های ناصاف و دندانه دار

برخی از جنس کامپوزیت هستند

زمانی صخره های آتشفشانی بوده اند

جنگل

نکتار طبیعی من

توازن من


* **یادداشت مترجم:** شاعر از واژه "Waldeinsamkeit" استفاده کرده که از زبان آلمانی آمده و بمعنای جنگل است.

# Walking in Slumber
*James D. Casey IV*

The death of a dream
In digital witness
Like birth in reverse
A yard too far
Guaranteed

The fix is here
Just in time
Walking in slumber

The story of an artist
High as the light of day
Too close to the blade
Of the pendulum
That cut him down to size
With the weight
Of his own worth

Painted ruins
That only love you
When they lie
Until there's nothing left
To say

# Dead Man's Shoes

*James D. Casey IV*

I miss your wicked ways
Build me up
Break me down

Nothing left
Take my hand

By the river
Dancing alone
Cold with no music

Inside your head
The records play

Pleasing ghosts
Sing their song
Masked faces all around

Shuffle in
Shuffle out

We see the future
Thinking of the past
With Adam and Eve eyes

As you dance
In a dead man's shoes

# Stolen Kiss, Dawn's Tears

*James D. Casey IV*

I stole a kiss
From the sky once
The moon
Got jealous

Underneath a morning sun
As the moon sank away
I plucked down the dawn
Holding on to her
Only for a moment
Gently kissing her cheek

After I let her go

Thunder clapped
And rain began to fall
Because
The moon slapped her
Making her weep

I never saw the dawn again

**James D. Casey IV** is a self-published author of three volumes of poetry, "*Metaphorically Esoteric*," "*Dark Days inside the Light While Drunk on Wine*," and "*Tin Foil Hats & Hadacol Coins*". His work has also been published both in print and online by several small press venues including *Triadæ Magazine*, *Pink Litter*, *In Between Hangovers*, *Indiana Voice Journal*, *Beatnik Cowboy*, *Dissident Voice*, *Scarlet Leaf Review*, *Horror Sleaze Trash*, *Zombie Logic Review*, *Your One Phone Call*, *I am not a Silent Poet*, *Tuck Magazine*, and *Outlaw Poetry* to name a handful. Links to his books, social network profiles, and other projects can be found on his website :

http://louisianakingcasey.wixsite.com/big-skull-poetry

## پیاده روی در خواب
### جیمز دی کیسی چهارم


در جهان دیجیتال
همچون تولدی معکوس
مرگ یک رویا
تضمین شده است
یک یارد فاصله زیادی است

راه حلش اینجاست
درست همینک
پیاده روی در خواب

قصه هنرمندی است
که به بلندای روشنایی روز بالا رفت
به انتهای پاندول نزدیک گردید
و فرو افتاد
وزنش سبب سقوطش شد
وزنی به اندازه ارزش او

تنها خرابه های نقاشی شده
تو را دوست می دارند
دروغ می گویند
تا زمانی که دیگر
چیزی برای گفتن وجود نداشته باشد

**کفش های مرد مرده**
**جیمز دی کیسی چهارم**


دلم برای شرارت های تو تنگ شده
اینکه مرا بسازی
و دوباره خرابم کنی

دیگر چیزی باقی نمانده
دستم را بگیر

تو در کنار رود
به تنهایی
و بدون موسیقی می رقصی


در درون خیالت
آهنگها می نوازند

ارواح با صورتکهایی بر چهره
در همه سویت التماس می کنند
که آوازشان را بخوانی

بهم بریز
به درون و به بیرون

آینده را می بینیم
که با چشم های آدم و حوا
به گذشته می اندیشد

همانطور که تو
با کفشهای یک مرد مرده می رقصی

**بوسه به سرقت رفته، اشک سپیده دم**
جیمز دی کیسی چهارم


من یکبار
بوسه ای را از آسمان دزدیدم
ماه اما
حسادت کرد

در آفتاب صبحگاهی
همانطور که ماه غرق می شد
من سپیده دم را ربودم
و آنرا برای خود نگه داشتم
فقط برای یک لحظه
تا بوسه ای لطیف بر گونه اش نثار کنم

سپس گذاشتم که برود
ولی تندر غرید
و باران گرفت
چرا که ماه، سیلی محکمی بر صورت آسمان زد
و فریادش را بلند کرد

پس از آن، من دیگر سپیده دم را ندیدم

# I don't know what to say

*James Walton*


when I find a strand of your hair
over a chair like a ribbon

or the silk that holds me for a second
walking between the old orchard trees

I lay it back in place there

you'd laugh over that fastidious detail
how it must be undisturbed

and you would slightly bite my shoulder
as I came back up to protest

all elocution compressed in that nibble

sometimes waking not realizing the cat sighs
in the crossways where you dreamed

 one day she'll have to know
quietly as a lost breeze surfacing

but I don't know what to say

# Into the Wilderness
*James Walton*

we lived without time then
when Lake St Clair blew to waves

that cabin luxury for us
wood table and chairs
the bunk off the floor

I was reading
Crime and Punishment
too young for temptation

we loved each other
no regret beneath our tan lines

in those days I could eat
a whole loaf and honey

the visiting heron had no song
in the rounds of its silent joy
just the thwack of happiness

you said I should read
The Ginger Man
while holding Jean-Paul's trilogy

**James Walton** is an Australian poet published in newspapers, and many journals, and anthologies. Short listed twice for the ACU National Literature Prize, a double prize winner in the MPU International Poetry Prize, Specially Commended in The Welsh Poetry Competition - his collection *'The Leviathan's Apprentice'* was published in 2015.

**نمی دانم چه بگویم**
جیمز والتون


آندم که تار مویی از تو را
چونان روبانی بروی صندلی بیایم

یا ابریشمی که مرا برای ثانیه ای
به قدم زدن در میان درختان باغ قدیمی وا دارد

من آنجا دراز می کشم

شاید به جزئیات دقیقش بخندی
که چگونه ممکن است دست نخورده مانده باشد

و شاید نیشگونی از شانه ام بگیری
در همان حال که من اعتراض کنان به پشت بر می گردم

تمامی فصاحت در آن نیشگون یکجا جمع شده

گاهی بیدار می شوی ولی صدای گربه را نمی شناسی
گربه ای که در تقاطع رویایت ناله می کند

یک روز او باید دریابد
بی سر و صدا چونان وزش نسیمی که گم شده

اما من نمی دانم چه باید بگویم

**در طبیعت**
جیمز والتون


ما بی زمان زندگی کردیم
وقتی که دریاچه، موج ها را می آشفت

آن اطاقک، برای ما مجلل بود
با میز و صندلی چوبی
و تخت خواب کوچکش

من "جنایت و مکافات" را می خواندم
و جوانتر از آن بودم
که وسوسه شوم

ما عاشق یکدیگربودیم
از آفتاب سوختگی هراسی نداشتیم

در آن روزها من می توانستم
یک قرص کامل نان را با عسل بخورم

حواصیل خاموشی که به دیدارمان می آمد
بی صدا شادمانی می کرد
فقط صدای ریزش شادی بود که بگوش می رسید

تو گفتی که
باید "مرد زنجبیلی" را بخوانم
در حالی که سه گانه ژان پل را در دست داشتی

# Tenant in the body
*Jay Gandhi*


I never pay attention to the cracks in the walls
nor to the leaky ceiling
and do not get perturbed by the kids
when they scribble with crayons on the floor




# Bollywood dreams
*Jay Gandhi*


like a cow going through labor
every minute my wounds worsen;

there are ten times more strugglers
than actors in Bombay; most end
up polishing shoes at Virar station

do my tears mean nothing to you?
and what about our expected child?

you've jeopardized our present
for your future: a mirage

## Real men
*Jay Gandhi*

I trimmed my toenails
applied black nail polish
got my navel pierced
and cried because there
was no curry in the fridge

## Aimless
*Jay Gandhi*

I draw crisscross patterns
in a notebook sitting at home
as it starts to rain.

I make vertical marks
resembling the droplets.

To portray a deluge, I place
lines close to each other.

I depict clouds, lightning
and roofs.

I dabble whole night.

**Jay Gandhi** is a 31-year old Computer Engineer from Mumbai, India. He writes Free Verse in English. Most of his poems derive their inspiration from human relationships. In free time when he isn't reading poetry, he practices Guitar, enjoys the peace that Yoga brings and walks for long distances.

**مستأجری در بدن**
**جی گاندی**


من هرگز به ترک های دیوار توجه نمی کنم
نه به سقفی که آب چک می کند
و از کودکانی که با مداد رنگی
روی زمین خطوطی می کشند دلگیر نمی شوم



**رویاهای بالیوودی**
**جی گاندی**


مثل گاوی که بکار گرفته باشند
هر دقیقه زخم هایم بدتر می شود

ده بار بیش از بازیگران در بمبئی
در تلاشم، که البته بیشتر اوقات
به واکس زدن کفش ها
در ایستگاه "ویرار" می انجامد

آیا اشک هایم برایتان بی معنیست؟
درباره فرزندی که چشم براهش هستیم چه؟

شما امروز ما را به مخاطره انداخته اید
برای آینده خودتان، که سرابی بیش نیست

**مردان واقعی**
جی گاندی


من ناخن های انگشتان پایم را کوتاه می کنم
لاک ناخن سیاه رنگی به آنها می زنم
نافم را سوراخ کرده
و گریه می کنم
چون دیگر کاری* در یخچال نداریم

**\* یادداشت مترجم:** اشاره به خورش هایی که با ادویه کاری تهیه می شود و در هندوستان و شرق آسیا رایج است.


**بی هدف**
جی گاندی


نشسته در خانه، بر دفترچه یادداشت خود
الگوی های متقاطعی می کشم
در همان حال، باران شروع به باریدن می کند

نشانه های عمودی را نقش می زنم
که شبیه قطرات باران است

برای نمایاندن جریانی ازسیلاب
خطوطی نزدیک به یکدیگر ترسیم می کنم

من ابرها، رعد و برق
و سقف ها را به تصویر می کشم

من تمام شب را در آب غوطه می خورم

# The Old Hound
*Ken Allan Dronsfield*


Like unblown dust on the floor of seasoned oak,
he sleeps all curled up next to the old wood stove,
laying there he dreams of Christmas days gone by;
times spent chasing squirrels, hunting hoodoos and
hours of walks through the great spruce and birch...
looking for that perfect Christmas tree to be displayed.
A bit of gray now apparent on his angelic resting face.
He now walks a little slower on those cold winter days,
and always gravitates towards the warmth of the fire.
He's my faithful friend through good times or bad.
Listening to my screams at losing ball games, and all
the laughter during some great old comedy shows.
Always there watching the parades, he loves snoopy.
A protector on those dark stormy nights, a staunch
supporter when others have fallen away by and by.
My friend, my heart, my shadow, the old Hound.

# Adieu... Sonnet to the Rain
*Ken Allan Dronsfield*

The raindrops fall with enchanted magic
spattering upon that old metal roof
a melodious rhythmic sleeping tune
my tired lips welcome steeping ginseng tea
I crave soft pillows and comforter to
carry me off to my sweet restful dreams.
The hound is fed and warming by the fire
candles now smolder a wispy goodnight.
My robe and slippers rest near the bedside.
Slide deep into heaven, cat at my feet.
Sleep well sings the bashful yawning new moon,
Tap, tap, tap chant the raindrops on the roof.
This evening ends as a cherished sonnet.
Stars whisper soft to me, adieu, adieu.

**Ken Allan Dronsfield** is a disabled veteran, poet and fabulist from New Hampshire, now residing on the southern plains of Oklahoma. Ken enjoys music, writing, and walking in the woods at night. He has one poetry collection "*The Cellaring*", and is Co-Editor for two poetry anthologies titled, "*Moonlight Dreamers of Yellow Haze*" and "*Dandelion in a Vase of Roses*". His work has appeared in *Literary Orphans, The Burningword Journal, Scarlet Leaf Review, Black Poppy Review, The Blue Heron, EMBOSS Magazine* and more. Ken is a three-time Pushcart Prize nominee and twice for Best of the Net 2016-2017.

**سگ شکاری پیر**

کن آلن درونسفیلد


همچون غباری که بر کف پوشی از چوب بلوط نشسته

او در کنار اجاق چوبی قدیمی چمبره زده

و به رویای کریسمس های گذشته فرو رفته است

زمانهایی که به تعقیب سنجاب ها و شکار "هودو" سپری شده

ساعت ها پیاده روی از مسیر صنوبر و توس...

به جستجوی درخت کریسمسی بی نقص

بر چهره فرشته سان و آرامش، اندکی از رنگ خاکستری نشسته

او اکنون در آن روزهای زمستانی سرد کمی آرامتر گام بر می دارد

و همیشه بسوی گرمای آتش می رود

او دوست وفادار من در ایام خوشی و ناخوشی بوده

که به فریادهای من در هنگام توپ بازی گوش سپرده است

و به خنده هایم در طول نمایشهای طنز آلود قدیمی

همواره آماده تماشای راهپیمایی ها و عاشق "اسنوپی" است

او محافظ من در آن شبهای طوفانی و تاریک و حامی و فادارم بوده،

بگاهی که دیگران یک  به یک پس رفته اند

دوست من، قلب من، سایه من، سگ شکاری پیرم



**بدرود ... غزلی برای باران**

کن آلن درونسفیلد


قطرات باران با جادوی مسحور کننده ای می بارند

و بروی آن سقف فلزی قدیمی می پراکنند

با لحنی همچون ملودی موزون خواب

لب های خسته ام به چای "جین سنگ" خوش آمد می گوید

من عاشق بالش های نرم و راحتی هستم

که مرا به آرامش رویایم پیوند می دهند

سگ شکاری ام با شکم سیر در کنار آتش لمیده

شمع های سوزان شب بخیر می گویند

پیراهن و دمپایی ام در کنار بستر استراحت می کنند

به اعماق بهشت سر می خورم و گربه در پایین پایم نشسته

خواب به زیبایی برای ماه خجالتی خواب آلود ترانه می خواند

تق، تق، تق ...باران به سقف ضربه می زند

این شب نیز همچون غزلی گرانقدر به پایان می رسد

ستارگان در گوشم زمزمه می کنند، بدرود ... بدرود

# Sorry
*Matt Stefon*


Maybe when the rain now falling
from the Merrimack back to the
Susquehanna stops, we then will
talk. For now I will keep myself
tracking the ways each raindrop slides
down the window glass easier
than even I could slog right now
from the Seacoast to Dallas and
out to Utsunomiya, wet
Heaven slumped upon my shoulders,
wind perpendicular to each
inch of my face, turnpike blacktop
taken for the granite that moves
water to where it can be used.


**Matt Stefon** lives and writes in north of Boston. He studied at Penn State and Boston University, taught English and humanities for several years at Middlesex Community College, and is the poetry editor for *West Texas Literary Review*. He has published four chapbooks of poetry including the e-chapbook, *The Long Contraction: Twelve Rejected Poems;* and his first print collection, *Shaking the Wind* (Finishing Line Press, 2017).

**تاسف**
مت استیفان


شاید، حالا که ریزش باران
از "مری مک" بسمت ایستگاه های "ساسکواهانا"
بازگشته،
ما دمی باهم صحبت کنیم
فعلا خود را مشغول رهگیری قطرات آبی می کنم
که از شیشه پنجره به پایین می چکد
ساده تر از آنکه من چون لیسه ای
از ساحل تا "دالاس و سپس تا "اوتسونومیا" بخزم
همه جا خیس است
آسمان بر شانه هایم سنگینی می کند
باد، بر هر جزیی از صورتم
عمود می وزد
کف خیابان کاج از گرانیت ساخته شده
که آب را به سویی هدایت می کند
که به کار آید

# unsuitable girls
*Meagan Brothers*


made of black thread
thick thighs
they rise up on
tiptoes to speak –
what were they made for?
not this rotgut empire,
this distress test.
do they bleed like regular
girls?  do they call you
home at suppertime?
increasingly unaffluent,
they don't care about
your ceiling or your
flour sack or your
essay questions or
having it all.
they want none of it.

unsuitable girls bleed
ink over their scars,
toke magic. talk black
books. grow wizard
beards.  get credit cards
just to break them in two.

unsuitable girls
expand too quickly,
refuse to shrink.
will distract you and
forget to care.
unsuitable girls
will trash your empire,
are made of a hundred
loose things tightening,
coil and uncoil

unsuitable
for cohabitation, money making,
baby raising, bootlicking.
unsuitable.  it's too late.
fuck it.
they're everywhere.

**Note:** First appeared in *The Other Side of Violet*, an anthology published by "great weather for MEDIA", 2017.

**all your trips to saturn have been tainted by your naïveté and bad luck.**

*Meagan Brothers*


you would like for a girl who
 looks like winter
to kiss you in public,
outside the expensive hotel.
you would like to astound bystanders
with the tremendous volume of your love.
you would not like to hide with her
in apathetic gated gardens,
or scratch her name into your school desk
 with a paper clip.
you would like to be a professional.
you would like to not fuck up the mission.
you would like to have plenty of money
 and a name
so that when she calls it
it clicks right against her tongue,
it moves the rings and spheres,
it is the second half of hers,
it is tattooed on her corners,
it is the murmur of her dreams and
the watchword printed
on every piece of confetti
that falls from the sky
in your triumphant parade.

you would like to have a name
that declares in its saying
that you were victorious,
you won the princess and the prize.
you would like to have a name
that snaps like a snare
when she says it,
unlocking something vast,
so vast that you trip home
in lightspeed,
arranged in joy,
forgiving everyone.

# heavy thread
*Meagan Brothers*


see my sky,
this thin
stretch of dawn –

neither of us
are in this city.
we're above it.
present and distant
all at once,
up in the clouds
on a tightrope somewhere.

I'm the beaten breeze
from a wing in the dark,
if you close your eyes
you might feel me
passing over you,
kissing your brow,
whispering through your hair,
touching you lightly
as I go.

now
open your eyes.
see my sky.
heavy clouds
touch down on
steel girders,

the water moves

beneath them,
a heavy thread –

you could put your
weight upon that thread,
you could pull it tight,
ring it like a bell
if you want me,

and I would come flying.

**contrast**
*Meagan Brothers*


next to her I am
dark as a branch
in the snow,
wooly chocolate,
completely burnt.

she's cold sunrise on the
icy pond,
bright gold revenge,
a birdsong that doesn't know
 its own name.

next to her I am
dark as a flood.
she is
a vein of amber
in a birch.

no one can
hold a candle,
she is already lit.
I am dark as a
waning thing,
already eaten up by shadow,
by the past.

next to her I am
dark as a dead wick.
she is a mountain,
glacier blue.

and why would a mountain
need some earthbound thing,
black ash blooming
with the flame blown out?

why would the snow
need this branch,
a careless, tossed thing
brought down by the weight and
 the wind,
a careless thing
looking for a soft drift
to land in,
a careless thing
that doesn't make a sound
when it falls.

**Meagan Brothers** is the author of three novels for young adults. Her latest, *Weird Girl and What's His Name*, published by Three Rooms Press, was named one of Kirkus Review's Best Teen Books of 2015. Her poems have recently appeared in *The Other Side of Violet, POSTblank zine*, and online on *Poetrybay*. A native Carolinian, she currently lives and works in New York City.

## دختران ناجور
### مگان برادرز

از رشته های سیاهی تافته شده اند
بر رانهای درشتی قامت برافراشته اند
و پاورچین سخن می گویند
آنها برای چه ساخته شده اند؟
نه برای این امپراتوری بی کیفیت
این آزمون دشوار
آیا آنها همچون دختران معمولی خونریزی می کنند؟
یا تو را برای شام به خانه فرا می خوانند؟
بسیار نفوذ ناپذیرند
اهمیتی نمی دهند به سقف خانه ات
یا به کیسه آردت یا به پرسشهای مقاله ات
آنها هیچ کدام از اینها را نمی خواهند

دختران ناجور
با جوهری بر زخم های خود خونریزی می کنند
افسونگرانه سیگار می کشند
از کتابهای سیاه سخن می گویند
ریشهای جادوگری می رویانند
و کارت های اعتباری را فقط برای دو نیم کردن می خواهند

دختران ناجور
با شتاب گسترده می شوند
فشرده شدن را رد می کنند
حواست را پرت می کنند
و از یاد می برند که اهمیتی بدهند
دختران ناجور
امپراتوریت را از بین می برند
آنها از جنس یک صد چیز سست ساخته شده اند
که به سختی همچون فنر فشرده و باز می شوند

ناجور
برای همزیستی، برای کسب درآمد
پرورش کودک، تملق گویی
خیلی دیر شده
لعنتی! آنها همه جا هستند

## بد شانسی و ناواردی در سفر به زحل
### مگان برادرز

دوست داری دختری که شبیه زمستان است
در بیرون یک هتل گرانقیمت
تو را ببوسد
دوست داری کسانی که در کنارت ایستاده و تماشایت می کنند
از عشق بی حد تو شگفت زده شوند
نمی خواهی با او در باغهایی مخفی شوی
که دروازه های بی تفاوتی دارند
یا نام او را روی میز مدرسه با گیره ی کاغذ حکاکی کنی
می خواهی حرفه ای باشی
و این ماموریت را خراب نکنی
می خواهی صاحب نام و مال شوی
آنقدرکه وقتی او نامت را می خواند
آن نام بدرستی بر زبانش بچرخد
و آن حلقه ها و دوایر را بحرکت در آورد
نیمه دوم او باشد
بر جای جای بدنش خالکوبی گردد
در رویاهایش آن را زمزمه کند
و شعاری گردد که روی هر قطعه کاغذ رنگی
از آسمان بر سر رژه شکوهمند پیروزی ات فرو می ریزد
می خواهی نامی داشته باشی
که خود گویای پیروزی ات باشد
اینک هر دو، شاهزاده و جایزه را به دست آورده ای
حالا باید یک نام داشته باشی
که وقتی او ادایش می کند
همچون صدای یک تله بهنگام بسته شدن
طنین افکند
بسیار گسترده گردد
آنقدر که اگر با سرعت نور بسوی خانه ات سفر کنی
بتوانی با شعف، هر کسی را عفو کرده و ببخشایی

78

# طناب محکم
## مگان برادرز

آسمانم را نظاره کن
در این گستره نازک سپیده دمان-

هیچ یک از ما در این شهر نیستیم
بالای آن هستیم
حضور و بعد مسافت
در یک زمان
بالا در میان ابرها
در جایی بندبازی می کنیم

من ضربه نسیمی هستم
که یک بال در تاریکی می نوازد
اگر چشمانت را ببندی
شاید مرا احساس کنی
که از کنارت می گذرم
ابروانت را می بوسم
در گیسوانت زمزمه می کنم
و نوازشی در حال عبور

اکنون دیده بگشای
و آسمانم را بنگر
ابرهای سنگین
ستون های پولادینی را لمس می کنند
که آب از زیر آنها در جریان است
در زیر آنها
یک طناب محکم -

میتوانی وزنت را روی آن بیاندازی
میتوانی آنرا محکم بکشی
و اگر مرا بخواهی
آنرا همچون طناب ناقوسی بنوازی

و شاید که من پرواز کنان از راه برسم

## تضاد
### مگان برادرز

این منم در کنار او
به تیرگی یک شاخه در برف،
یا شکلاتی که کاملا سوخته

او طلوع سرد خورشید است
بر برکه یخ زده؛ انتقام طلایی روشن
آواز پرنده ای که نام خود را نمی داند

این منم درکنار او، به تاریکی سیلاب
او اما رگه ای کهربایی بر یک درخت توس

هیچ کس نمی تواند شمعی را روشن نگه دارد
او از پیش روشن است
من به تاریکی هر آن چیزی هستم
که در سایه هایی از گذشته تحلیل می رود

این منم در کنار او، به تیرگی نخ سوخته یک شمع
او اما کوه است، کوه یخی برنگ آبی

و چرا یک کوه نیازمند اتصال به زمین است؟
نیازمند پراکندن خاکستر سیاه با شعله های سرکش؟

چرا برف باید نیازی به یک شاخه داشته باشد
به چیزی که بی پروا پرتاب شده
و با وزنش و باد پایین می آید

چیزی بی پروا
که بدنبال آنست
تا به آرامی شناور شده
و بر زمین فرود آید
چیزی بی پروا
که وقتی بر زمین می افتد
صدایی ایجاد نمی کند

# Esther
*Michael Griffith*

And she will come again,
but this time will be the last.

This woman of many coats,
but only one good outfit.

Slowing down, slowing,
she feels it, but is not quick to admit it.

And as she comes again
she bring gifts to be treasured
long after she has gone.


# The Dreams of Beasts
*Michael Griffith*

The lion wakes on the warm night savanna.
He raises his stony head and yawns.

He blinks then looks over to the cub
he did not murder and he blinks again,
wondering with the mind of a man
if he did not make a mistake.

The cub rolls over to face his father with eyes
wide open,
clear as the moon.

**Note:** First appeared on the website *"The Goodmen Project"* in July, 2017.

# The Tall Old Tree
*Michael Griffith*

Meet me under the tall old tree
beneath wide limbs so thick and full of leaves
nobody will know, nobody will see.

We will embrace and I'll hold you
in arms that remind you of your daddy
as I tell you things you want to be true.

We'll create our own heat and storm;
sheltered there, no one will know what we do
by the tall tree, lost in its huge hard form.

Close as vines entwined in the dark
we'll be evermore there if you believe
our two souls will show as lines in tree bark.

Come meet me under that tall old tree.
No one will know. No one will see.
Meet me there soon. Come be with me.

**Michael Griffith** began writing poetry to help his mind and spirit heal as his body recovered from a life-changing injury. Recent work appears online and in print in such outlets as *The Blue Nib, Nostalgia Digest, NY Literary Magazine*, and *Poetry24*. He resides near Princeton, NJ.

## استر
### مایکل گریفیت


و او دوباره خواهد آمد
اما این آخرین بار خواهد بود

زنی با بالاپوش های بسیار
که تنها یک دست لباس مناسب دارد

در حال کند شدن، آهسته آهسته،
او اینرا احساس می کند، اما سریع به آن اعتراف نمی کند

و همانطور که او دوباره از راه می رسد
هدایایی را با خود به ارمغان می آورد
که مدتها پس از رفتن او بیادگار بماند


## رویاهای جانوران
### مایکل گریفیت


شیر در شب گرم صحرا بیدار می شود
سر سنگینش را بالا می برد و خمیازه می کشد

او پلک هایش را بهم می زند و به توله اش نگاهی می اندازد
او موجودی را نکشته و دوباره پلک می زند
در شگفت از اندیشه آدمی است
که آیا او اشتباه نکرده بود

توله اش می چرخد تا به چهره ی پدرش بنگرد
با چشمانی کاملا باز
و شفاف همچون ماه


83

**درخت پیر بلند**
مایکل گریفیت


مرا در زیر درخت بلند پیر ملاقات کن
در زیر شاخسار گسترده و پر برگ و بارش
هیچکس نمی داند، هیچ کس نخواهد دید

ما یکدیگر را در آغوش خواهیم گرفت و من ترا
در آغوشی که یاد آور پدر توست نگه می دارم
و آنچه را که می خواهی صادقانه بشنوی باز می گویم

ما گرما و طوفان خود را ایجاد می کنیم؛
پناه می گیریم، هیچ کس نخواهد دانست چه می کنیم
درکناردرخت بلند، درحجم عظیمش گم می شویم

نزدیک بهم، آنچنانکه تاک در تاریکی می پیچد
اگر باور داشته باشی همیشه در آنجا خواهیم ماند
روحمان همچون خطوطی در پوست درخت نمایان می شود

مرا در زیر درخت بلند پیر ملاقات کن
در زیر شاخسار گسترده و پر برگ و بارش
هیچکس نمی داند، هیچ کس نخواهد دید

## Six Haiku
*Nancy Taylor Day*


On winter's cusp,
my muse
in a cup of English tea.


Her thumbprint captured
in left-over dough ball.
Raspberry jam.


Was he peeking at us?
On the skylight
raccoon footprints.


Root vegetables
tethering me to earth.
Red-tailed hawk.


My mother died.
On our house, a roof
keeping out the rain.


I danced with a blue-eyed husky,
his paws on my shoulders.
Somewhere a rainbow.

## Transformation
*Nancy Taylor Day*

The weight of the beads,
once machine gun shells,
holds the pain of war,
the hope of peace
against my heart.


## Fires
*Nancy Taylor Day*

Long ago I saw a burning sky.
How fast can I run? I worried.
What can I save?  I wondered.
Under my bed I hid a go bag
my treasures: pajamas, a pair
of craft scissors, and a baby doll.


## Hands and Hearts
*Nancy Taylor Day*

When the waters rose, they came with boats.
When the forests burned, they came with shovels
and hoses and horse trailers.
When a train fell from the tracks, they came
with tourniquets and words of hope.
And next time, and the next,
they will come again, always, the helpers.

## Love Story
*Nancy Taylor Day*

We met in a Tex-Mex cafe,
shared a Mexican beer
with a slice of lime.
He came from the East Coast.
I came from the West Coast
to this Third Coast city.
If I had a dollar for every slice
of lime we've shared, I'd
spend it all on limes.


## Wandering
*Nancy Taylor Day*

We lost ourselves along a red-dirt road.
He was kind, the man called Cedric,
exchanging directions for a lift to his village.

Beyond an iron gate, we emerged into the Bush,
guinea and spear grasses, ubiquitous thorn trees
so like South Texas mesquites and huisache.
But towering above the canopy, a giraffe,
so unlike home, such a grand African thrill.

**Nancy Taylor Day**, poet and fiber artist, lives in Austin, TX, with her husband in a stone cottage.

**شش هایکو**
نانسی تیلور دی


در بطن انحنای زمستان
الهه شعر من
در یک فنجان چای انگلیسی است


اثر انگشت شست او
در گلوله خمیر نقش بسته است
مربای تمشک


آیا او به ما نگاهی انداخت؟
ردپای یک راکون
روی نورگیر سقف بجا مانده


ریشه سبزیجات
مرا به زمین متصل می کند
شاهین دم قرمز


مادرم درگذشت
در خانه ما سقفی هست
که باران را بیرون نگه داشته


من با یک سگ چشم آبی رقصیدم
پنجه هایش روی شانه هایم بود
گویا رنگین کمان در جایی هست


**دگرگونی**
نانسی تیلور دی


وزن دانه ها،
پوکه های فشنگ اسلحه
درد جنگ را در خود نگاه می کند
امید به صلح
در برابر قلبم می ایستد


88

## آتش
نانسی تیلور دی

مدتها پیش آسمان را شعله ور دیدم
نگران شدم که من چه اندازه سریع میتوانم بدوم؟
تردید کردم که چه چیزی را می توانم نجات دهم؟
زیر تختم، یک کوله پشتی را پنهان کرده ام
گنجینه های من:
لباس خوابم،
جفتی قیچی*
و یک عروسک کوچک

* **یادداشت مترجم:** اشاره به قیچی هایی که برای ساخت کار های هنری بکار می رود.

## دست ها و قلب ها
نانسی تیلور دی

هنگامی که آب ها برافراشتند، آنها با قایق آمدند
وقتی جنگل ها سوخته بودند، آنها با بیل هایشان آمدند
و با شلنگ ها و اسبهای باربر
زمانیکه یک قطار از ریل خارج شد،
آنها با شریان بند** و کلمات امید بخش از راه رسیدند
و دفعه بعد، و بعدی
آنها دوباره خواهند آمد، همیشه یاری گرانند

** **یادداشت مترجم:** شاعر به کلمه تورنیکه اشاره کرده است که حکایت از وسایل امداد و کمکهای اولیه دارد.

## داستان عاشقانه

نانسی تیلور دی

ما در کافه ای بنام "تکس-مکس" با هم ملاقات کردیم
یک آبجو مکزیکی را با هم نوشیدیم
با یک برش لیمو
او از ساحل شرقی آمده بود
من از ساحل غربی
به این شهر ساحلی سوم
اگر من به تعداد لیموهایی که خوردیم
دلار بهمراه خود داشتم
بی شک همه اش را برای لیموها خرج کرده بودم

## گشت و گذار

نانسی تیلور دی

ما در مسیر جاده ای با خاک قرمز گم شدیم
او مهربان بود، مردی را می گویم بنام "سدریک"
با هم مبادله کردیم که او جهت را نشان دهد و ما او را به روستایش برسانیم
در آنسوی یک دروازه آهنی، ما وارد بیشه زاری شدیم
گل گینی*، علفهای نیزه ای و درختان خاردار منتشر
پشه های جنوب تگزاس و هیساچی**
اما فراتر از چتر درختان، یک زرافه
و بر خلاف خانه، آنجا هیجان انگیزبود همچون سفر به افریقای بزرگ

* **یادداشت مترجم:** گیاهی زینتی با گلهای زرد از تیره دیلنیاسه که عمدتا بومی استرالیا می باشد
** **یادداشت مترجم:** گیاه آکاسیا با گلهای معطر بنفش

# Six Haiku
*Ngozi Olivia Osuoha*


Fog, dew, mist and dust
Moving like cloud
Man, there to attest.


Life of a giant
Living like a god,
Suddenly, dead and gone.


Mammoth crowd in rallies
Singing uniform chaos
To behold a demon.


Rapid turnaround
From positive to negative
From worse to worst.

Families deny and disown
Friends betray per second,
Life upside down.


Hell is a country
I know her natives,
We, you and I.

**Ngozi Olivia Osuoha** is a Nigerian poet/writer, a graduate of Estate Management with experience in Banking and Broadcasting. She has published over one hundred poems in over ten countries, and her two longest poems *The Transformation Train* and *Letter to My Unborn* of 355 and 560 verses published in Kenya and Canada respectively are available on Amazon.

## شش هایکو
### انگوزی اولیویا اوسوها

مه، شبنم، غبار
مانند ابر در حرکتند
انسان، آنجاست برای ادای شهادت


حیات یک غول
مثل یک خدا زیست
ناگهان، رفت و مرد


جمعیت ماموت* ها
سرود یکنواخت آشوب برلب
به تماشای اهریمن نشسته اند


یک گردشِ سریع
از مثبت به منفی
از بد به بدترین


خانواده ها تکذیب می کنند و دست می کشند
دوستها هر ثانیه خیانت می کنند
زندگی درهم و برهم


کشوری به نام جهنم
بومی هایش را می شناسم
ما، تو و من


**یادداشت مترجم:** ماموت نوعی فیل پشمالو و بزرگ از جنس Mammuthus به شمار میرود که اکنون نابود شده است.

# Tracks Full of Voices
*Norbert Gora*

I remember when I heard your voice
it pierced the boundless world
with an invisible wave

your distant words
poured down all over me
like a rain, a gale of experience

two bodies, far apart
but two voices
united them in conversation

you were not around there
despite this I felt your proximity
woven with sentences
that you whispered deliciously

I remember to this day
my trembling hands
on the handset

your laugh, my cough
it was not a magic
but the loud shout
of technology development

# Death of Sense

*Norbert Gora*

drought devoured
the final point,
bathed humanity
in the lake of misunderstanding,
cleaned the eyes with the salt water
and dried them by the meaningless wind

we, work hard,
spill the bitter tears,
fight for the success
and gain defeat

in pursuit of colorful papers,
someone else get rich
doctors who harm
psychiatrists who demolish the psyche

traversing
the endless depths of no sense
we are no longer humans
robotized beings

**Norbert Gora** is a 27-year old poet and writer from Poland. He is the author of more than 100 poems which have been published in poetry anthologies in USA, UK, India, Nigeria, Kenya and Australia. His writing contains light emotions, happiness and dark, dreadful experience of life.

**مسیرهای پر هیاهو**
نوربرت گورا


صدایت را بخاطر می آورم
که با یک موج نامرئی
جهان بی مرز را در می نوردید

واژگانت از دور دست ها
مانند باران یا تجربه ای از تندباد
بر تمامی هستی ام فرو می ریخت

دو تن، دور از هم، جدا افتاده
اما دو صدا توانست
آنها را در گفتگو یکپارچه سازد

تو انجا نبودی
اما من صمیمیت تو را احساس می کردم
که از جنس کلمات تافته شده بود
و تو چه دلپذیر آنها را ادا می کردی

دستان لرزانم را
بر روی گوشی تلفن
تا به امروز بخاطر دارم

خنده تو، سرفه من
این معجزه نبود
اما فریاد بلندی بود
از توسعه فناوری

**مرگ احساس**
**نوربرت گورا**


خشکسالی
که پایان کار را بلعید،
انسانیت را
در دریاچه ای از سوء تفاهم غرق کرد
چشم ها را با آب نمک شست
آنها را با بادی بی معنا خشکانید


ما سخت کار می کنیم
بتلخی اشک می ریزیم
برای موفقیت می جنگیم
و شکست دستمزد ماست


در جستجوی مقالات رنگارنگ
شخص دیگری ثروتمند می شود
پزشکان آسیب می رسانند
روانپزشکان که روان را تخریب می کنند


گذرگاه
اعماق بی انتهای بی حسی
ما دیگر انسان نیستیم
ربات هستیم

**traveller**
*Phillip Jones*


a pillow of leaves

the forest a fair friend
at the wayside

here to sleep and dream
in the arms of a willow
a homecoming


**fable**
*Phillip Jones*


butterflies
never pulled the wind
with wispy threads
of spiders' webs
nor leaves the sun
its fiery throne
when dreams haunt
and darkness roams
and the moon is fickle
to the lonely night
when he needs her most
she hides from sight
and I asked too much
of starlight

# by the lighthouse at Point Hicks
*Phillip Jones*

they greet the night
in a language of time
a covenant with the Earth
that we in corners of diversity
may share what's dear

our lives are as tribes
spears sharpened in misunderstanding
ramparts of difference dug
the earthen quest for insulation

in the soft illumination
of the lighthouse a cloudscape
gives breath to the dusk
we share this air, watch
the sun's peregrinations together
hear the moon's serenade
and by the shimmering water
I see faces of those dreaming
of inclusion in the mottled cirrus
reaching out to the darkness

# volution

*Phillip Jones*

1
across the sand
tracks of goanna hunting
timeless footprints
of those
who walked here
when dreams
were sung
under a river of stars

2
river of stars
oblivion
where the rainbow-serpent
resides
dreaming a universe of dreams
dreaming our small world
my small dream

# Angelus
*Phillip Jones*

this votive I leave
flickering
fragile
a spoken promise
its comfort

I am your flesh
and as you are within
the boundaries of my being
so let its wax
seal the well of tears

**Phillip Jones** is a poet and writer from Australia. He has been writing for many years and has had pieces published in various literary magazines and contributes to poetry communities on social media particularly Twitter and Tumblr. He writes on many subjects including the bush-land and environment surrounding his home city of Canberra.

**مسافر**
فیلیپ جونز


بالشی از برگ ها

جنگل، یک دوست خوب
در کنار جاده

برای خوابیدن و رویا دیدن
در آغوش یک بید
بازگشت به خانه



**افسانه**
فیلیپ جونز


پروانه ها
هرگز باد را
با تارهای یک شبکه عنکبوت
بسوی خود نکشیدند
و هرگز خورشید
و سلطنت سوزانش را
ترک نمی کنند
هنگامی که رویاها مسخر می شوند
و تاریکی همه جا را فرا می گیرد
ماه به تنهایی شب
بی وفایی می کند
درست در زمانی که شب به او نیاز دارد
او از چشم شب پنهان می شود
و من چه بسیار
از ستاره ها پرس و جو کردم

**در کنار فانوس دریایی در "پوینت هیکس"**
فیلیپ جونز

آنها به شب، با زبان زمان
خوش آمد می گویند
پیمانی با زمین بسته شده
که ما با وجود گوناگونی
آنچه را که برایمان عزیز است به اشتراک بگذاریم

زندگی ما همچون زندگی قبایل است
نیزه ها در سوء تفاهمات تیز شده
باروها بر اختلافات بنا شده
تلاشی زمینی برای جداسازی (آدمها از یکدیگر)

در روشنایی نرم فانوس دریایی
یک ابر بزرگ
به غروب خورشید نفس می دهد
ما این هوا را به اشتراک می گذاریم، تماشا کن
با هم به سفرهای خورشیدی می رویم
سرود ماه را گوش بسپار
در کنار آبی که سوسو می زند
چهره کسانی را می بینم
که در رویای پیوستن به ابرهای سیروس
و رسیدن به تاریکی فراتر هستند

**گردش**
فیلیپ جونز

۱
در سراسر ماسه ها
ردپای جاویدان شکارچیانی هست
که در اینجا گام می نهادند
در زمانی که رویاها
زیر رودخانه ای از ستارگان
چون آوازی خوانده می شدند

۲
رودخانه ای از ستارگان
فراموشی
جایی که مار رنگین کمانی
ساکن است
جهانی از رویا را بخواب دیدن
رویای دنیای کوچک ما
رویای کوچک من

**آیین**
فیلیپ جونز

دیگر شمع روشن نمی کنم
شمع نحیفی
که سوسو می زند
سوگندی زبانی
و راحتی آن

من گوشت تو هستم
و از آنجا که تو
محصور در مرزهای هستی منی
پس بگذار موم آن،
چاه اشکهایم را مسدود کند

# Ten Haiku
*Ronald Tumbaga*


catfish and slug
a commune of red squad
drenched in thick, red mud


leaping grasshopper
questing for food bends its feet
my hand's beholden


a fly touched the ground
of ants swollen eco land
was killed by a mob


hatched dirt on water
striped mosquito sucker
serves you a chiller


flexible red ants
some as big as the grassland
on my tableland


forced by a lizard
the ant has to squander
its meal in a dash

carved on a totem
along ends of black ridges
sparrow shelters


in this blood red moon
deep beneath the pitch black grove
sparrow at home


ants make a slave
of an injured white lizard
that's not endemic


sister nun squeaked
discovered a centepede
hiding in a laundry

A native of Olongapo City, Philippines, **Ronald** is a poet and short story writer. He writes in Tagalog, the Philippines' national language. His latest short story PASKO NG MAINIT NA PANSIT, UMUUSOK NA PANDESAL (A Christmas of Rice Noodle and Hot Salted Bread) was published in the December 18th, 2017 issue of Liwayway Magazine, the oldest running family magazine in the Philippines.

**ده هایکو**
**رونالد تامباگا**


گربه ماهی و لیسه
جمعیتی از ارتش سرخ
در گل و لای چسبناک خونی غوطه می خورند


ملخ، جهش کنان
در تکاپوی غذا، پاهایش را خم می کند
دست من شاهد است


یک مگس، زمین مورچه ها را لمس می کند
آنها در سرزمینی تجمع کرده اند
که بدست گروهی اوباش به قتل رسیده


غبار بر آب تخم گذاشته
پشه بند راه راه
تو را خنک می کند


مورچه های سرخ انعطاف پذیر
بروی میز من
برخی از آنها به وسعت علفزارند


مارمولکی
مورچه را مجبور می کند
که غذایش را با شتاب رها کند


107

بروی تندیسی حکاکی شده
در امتداد خطوط سیاه
گنجشکی آشیانه دارد


در این ماه سرخ و خونین
در اعماق سیاه یک بیشه تاریک
گنجشکی لانه کرده


مورچه ها، مارمولک سفید زخمی را -
که بومی نیست -
به بردگی می گیرند


خواهر روحانی جیغی کشید
هزارپایی را یافت
که در لباسشویی مخفی شده بود

# Off the dragon
*Thomas Fucaloro*

red
leather
interior
monologue
grows

blue
whisper
flower
exterior

addiction
of entering
and exiting
rooms

# 124 Simple Exercises for the Teeth
*Thomas Fucaloro*

Anxiety being the hardest substance
in the human body essential for chewing
on speech made from calcium phosphate
rock hard pulp'd chew nerves, layers
of connective tissue that bind roots firmly
to the gums, tissue that helps hold
the teeth, mountain, tightly, against
the jaw.

**Note:** Title from *George Carlin's "Join the Book Club"*.

**You're a bully
but because you have a fan base
You're a hero**
*Thomas Fucaloro*


with a certain type of blade
that doesn't cut, but shanks
the cage we call guts
as everyone emojis
you hear the mowers'
rattle, blade after
blush the bully
never knows
the garden
but claims
the seeds
for their
own
bloom

# A List of People Who Mean Well
*Thomas Fucaloro*


A pocket full of good intentions
and a handful of bad ideas.
Some believe coming from the heart
is ethical but if your heart has been
conditioned to hate then ethics lose
potency and the red wine of ignorance
bloats the belly through.
Just because your intentions are pure
doesn't mean you do them justice.

**Note:** Title from *George Carlin's "Join the Book Club"*


# Cooking With Heat
*Thomas Fucaloro*


I brought me to simmer
and let the apology gnaw.
I'm not mashed potatoes, I am boiled
all the way mad at something
that ought to make me mad
but there are all these great
potatoes, hereditarily
silent.

**Note:** Title from *George Carlin's "Join the Book Club"*

# When your parents are an ocean you swim between

*Thomas Fucaloro*

You are
because of who your parents are
You will
because of what your parents couldn't
You suppose
because shape is what you crest
You sail
this horizon fearful of the because
You know
because you need the horizon to get there
You laugh
because your genetics giggle at dismay
You, horizon
I don't know how to get there

# Playing piano with your nose

*Thomas Fucaloro*

Precise is what the holy father told me to say
That kind of precision is all I need
I reclamation ripe with trinity
And such precision
Plotting with such grace
The extension of us
The extinction of those
Is like playing piano with your nose
You must silence the notes before they are played

**Thomas Fucaloro** is the author of two books of poetry published by Three Rooms Press, most recently *It Starts from the Belly and Blooms*. The winner of a performance grant from the Staten Island Council of the Arts and the NYC Department of Cultural Affairs, he has been on five national slam teams. He holds an MFA in creative writing from the New School and is a cofounding editor of Great Weather for Media and NYSAI press. He is a writing coordinator at the Harlem Children's Zone and lives in Staten Island. He has three chapbooks, *Mistakes Disguised as Stars* (Tired Hearts Press), *Depression Cupcakes* (Yes, Poetry), and forthcoming *There is Always Tomorrow* (Madgleam Press).

**اژدهای خاموش**
توماس فوکالورو


چرمین
سرخ رنگ
سخن گفتن
در درون
فزونی می یابد

آبی
نجوا
گل
در بیرون

اعتیاد
به ورود
و خروج
از اتاق ها


**۱۲۴ تمرین ساده برای دندان ها**
توماس فوکالورو


اضطراب، سخت ترین ماده در بدن آدمی
ضروری برای ادای سخنان
ساخته شده از فسفات کلسیم
لایه ای به سختی سنگ، اعصاب جویدن
لایه هایی از بافت همبند که ریشه ها را محکم به لثه می چسباند
بافتی که به ماندگاری دندان یاری می رساند
چونان کوه استوار در برابر
فک

تو قلدری هستی
که بدلیل داشتن طرفدار
یک قهرمان بشمار می آیی
توماس فوکالورو


با تیغه مخصوصی که نمی برد
اما به قفسی که ما آنرا جسارت می نامیم
آسیب می زند
مثل صورتکهای هر کسی
صدای چمن زن را می شنوی
که تکان می خورد،
تیغ پس از سرخی
یک قلدر هرگز
معنی باغ را
نمی داند
اما ادعا می کند
که دانه ها
خود بخود
می شکفند



**فهرست آدمهایی که خوب معنا می شوند**
توماس فوکالورو


جیبی پر از نیت های خوب
و مشتی از ایده های بد
برخی معتقدند آنچه که از دل بر می آید اخلاقی است
اما اگر قلبت نفرت را برآورد، اخلاقیات می بازد
قدرت و شراب سرخ جهالت
درون آدمی را از هم می پاشد
فقط اینکه نیت ات پاک است
به این معنا نیست که بعدالت رفتار می کنی

## آشپزی با حرارت
### توماس فوکالورو

حرارت خود را آرام کردم
و گذاشتم تا عذرخواهی زجر بکشد
من پوره سیب زمینی نیستم، پخته شده ام
با تمام وجود خشمگینم
از آنچه که باید مرا عصبانی کند
اما همه این سیب زمینی ها عالی هستند
نسل اندر نسل خاموش


## وقتی پدر و مادر اقیانوسی هستند که میتوانی در آن شنا کنی
### توماس فوکالورو

تو آنچنان هستی
که پدر و مادرت بوده اند
تو خواهی خواست
چراکه پدر و مادرت نتوانستند
تو چنین فرض می کنی
چرا که "شکل" چیزی نیست جز رسیدن به قله
تو کشتی بانی
این افقی ترسناک از چرایی هاست
تو میدانی
چرا که نیاز به افقی برای رسیدن داری
تو می خندی
چرا که ژنهایت به ترس می خندند
تو افقی هستی
که من نمی دانم چطور به آنجا برسم

116

## نواختن پیانو با بینی
### توماس فوکالورو

دقیقا همان چیزی است که پدر مقدس به من گفته است
چنین دقتی، آن چیزی است که من نیاز دارم
من با تثلیث احیا شده و رسیده ام
و چنین دقتی
چیدمان با چنین جلوه ای
گسترش ما
انقراض آنها
آیا همانند نواختن پیانو با بینی است؟
باید نت ها را قبل از نواختن خاموش کرد

117

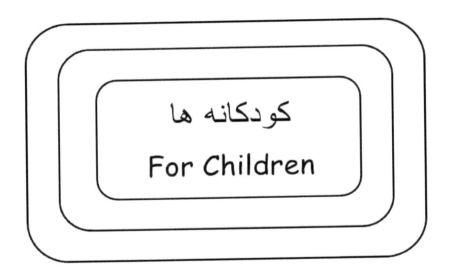

کودکانه ها

For Children

## Alligators on Escalators
*Jordan Trethewey*

When alligators ride escalators
they cause a panic, and exclamations.
They stand on the left, walk on the right
during peak times in most subway stations.

Your commuting time is more than doubled
'cause alligators take up twice the space
with all those snapping jaws, and whipping tales
threatening to whack you in the face.

So, pedestrians should stand side by side;
not take the stair below, or walk on by.
Each passenger will get home faster, just
ignore the gator rubbing 'gainst your thighs.

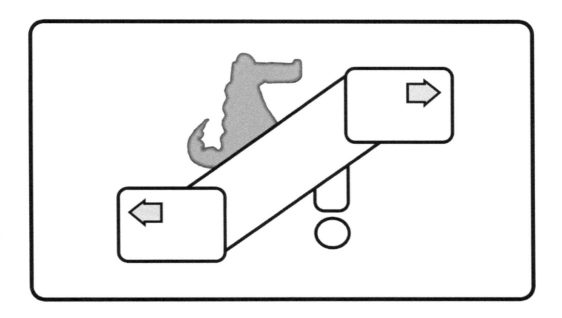

# Spaghettisaurus Rex

*Jordan Trethewey*

Spaghettisaurus Rex
can't eat pasta with grace.
With her tiny hands,
she feeds her giant face.

Penne, ravioli,
sauce spread from ear-to-ear;
fettuccini, ziti,
wear a bib if you go near.

Keep the noodles coming.
Ignore smears on the walls.
Risk getting in her way,
you might start a meat brawl.

# Crocodiles in Produce Aisles

*Jordan Trethewey*

The crocodiles in produce aisles
waddled about a bit confused.
They heard of meaty body parts,
stored in refrigerated rooms.

One looked for the baby carrots,
another for a lettuce head,
one for dripping artichoke hearts;
they found nothing alive, or dead.

Each snapped to scare the ears of corn,
thrashed to shock the potato eyes,
but nothing sprinted for the doors,
which was, to them, quite a surprise.

They crawled over to the deli,
where things smelled right, but were named wrong.
Everything all wrapped and bloody;
the crocs, at last, where they belonged.

**Note:** Illustrations by Jordan Trethewey; Image proofing by Jenn Zed.

EARS OF CORN
BABY CARROTS
HEADS OF LETTUCE

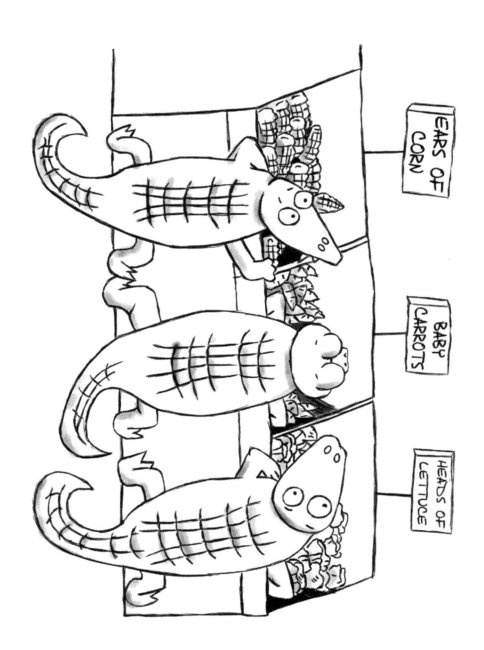

**Jordan Trethewey** grows older, wiser, and more ruggedly handsome amidst his busy family in Fredericton, New Brunswick, Canada. He is the author of two books of poetry, *Bathroom Stall Stanzas* (2012), and *Wishing on Satellites* (2016); and a book of short fiction, *Painfully Awkward* (2011). He also has a manuscript of children's verse looking for a home. Jordan is constantly trying to make sense of the world with words.

## تمساح ها روی پله برقی
جردن ترتوی

روزی که یک تمساح سوار پله برقی بشه
باعث ترس و تعجب همه میشه
در اوج شلوغی، تو بیشتر ایستگاه های مترو
اونها سمت چپ می ایستند، تو بیا از سمت راست برو

زمان رفت و آمدت دو برابر میشه
خوب چون یه تمساح دوبرابر وزنشه
اون آرواره های قوی و دم شلاقی داره
بپا یه وقت تو صورتت نخوره

پس عابرای پیاده باید کنار هم بایستند
از کنارتمساح ها رد نشن و پشتشون نایستند
فقط عابری سریع تر به خانه اش می رسه
که تمساح رو ندیده بگیره و بزور رد بشه

## اسپاگتی زوروس رکس
جردن ترتوی

"اسپاگتی زوروس رکس" اسم دایناسوریه
که نمیتونه ماکارونی رو مودبانه بخوره
آخه چون دستهاش خیلی کوتاهه
با صورت بزرگش لقمه رو بر می داره

هر جور ماکارونی رو که جلوش بزاری
سسی میشه از این گوش تا اون گوشش
یادت باشه وقتی داشت غذا می خورد
پیش بند بپوشی و بری نزدیکش

رشته های ماکارونی رو بده بخوره
ممکنه روی دیوارها بپاشه
ولی تو اهمیتی نده چون اگه جلوش وایستی
ممکنه بینتون دعوای گوشتی بپا شه

## کروکودیل ها در راهروهای فروشگاه
### جردن ترتوی

کروکودیل ها تو راهروهای فروشگاه
کمی گیج شده بودند و تلو تلو می خوردند
آخه اونها شنیده بودند که گوشت ها رو
تو یخچالهای بزرگ نگه می دارند

یکی به دنبال هویج های کوچولو می گشت
اون یکی دنبال یک کله کاهو بود
سومی آب کنگر فرنگی ها رو در می اورد
ولی آخرش هیچ موجود زنده یا مرده ای پیدا نشد

یکی بشکن می زد که خوشه های ذرت رو بترسونه
اون یکی می زد به چشم سیب زمینی که شوکه بشه
اما هیچ چیزی به سمت درها فرار نکرد
و همین کافی بود که باعث تعجب اونها بشه

کروکودیل ها به سمت غذاهای آماده خزیدند
جایی که بوی خوبی می داد اما اسمش درست نبود
همه چیز توی بسته ها پیچیده بود و خون آلود
بالاخره جایی رو پیدا کردند که راست کاراونها بود

# Acknowledgements

The editors would like to express their gratitude to the writers and poets who trusted them to review the submissions and translate a number of those amazing poems; to the friends and folks who saw them through this book; to all those who provided support, offered comments, allowed them to quote their remarks and assisted in the editing, proofreading and design. Soodabeh would also like to thank her husband and son, Ahmad and Amir, who supported and encouraged her in spite of all the time it took her away from them.

# About Us

**Soodabeh Saeidnia** was born in Iran (1973) and received her PharmD and PhD of Pharmacognosy from Tehran University of Medical Sciences (TUMS), Iran. She has worked as a Visiting Researcher and awarded a Foreign Researcher Fellowship to work as a Research Associate in Kyoto University, Japan, as well as Assistant and Associate Professor at TUMS and Visiting Professor at Saskatchewan University, Canada. She has written roughly 150 scientific papers for various academic journals, books and chapters in both English and Farsi.

She is also interested in literature and poetry, and has published a collection of her poems, "*Harfhaee- Baraye- Khodam*" (Words for myself) and "*A Poem and Three Generations*" in Farsi. Soodabeh is currently living in Kew Gardens, New York. Her English poems have been published in different American, Canadian and British magazines and literary journals including *Squawk Back, Sick Lit Magazine, Dying Dahlia Review, Sisyphus Quarterly, Paradox, TimBookTu, Babbling of the Irrational, Scarlet Leaf Review, SPINE, Tuck Magazine, La Libertad, Tiny Poetry, Indiana Voice Journal*, and many others. A number of her poems have been printed in the anthologies, *The Careless Embrace of the Boneshaker* (by great weather for MEDIA), *Where the Mind Dwells, American Poet, Dandelion in A Vase of Roses, Moonlight Dreamers of Yellow Haze* and *The Literacy Review NYU, vol.15*. She is the author of *Street of the Ginkgo Trees*, and the translator and editor of anthologies like *Voice of Monarch Butterflies* (*Middle Eastern Anthology by Ten Poets from Ganges to Nile*), *Apple Fruits of an Old Oak*, and the bilingual anthology "*Where Are You From?*" in Persian and English.

Her micro-poems are daily updating on her Twitter @SSaeidnia.

A number of her poems are routinely posted through her weblog: https://soodabehpoems.wordpress.com.

Facebook: https://www.facebook.com/soodabeh.saeidnia.

Amazon: https://www.amazon.com/Soodabeh-Saeidnia/e/B071YS1N61/ref=sr_ntt_srch_lnk_1?qid=1516640823&sr=1-1

**Aimal Zaman** is a bilingual poet from Nangarhar, Afghanistan. He has majored in Diplomacy and Public Administration from the Faculty of Law and Political Sciences at Nangarhar University. He also studied English Language for Academic Purposes at the University of Canberra, Australia. He writes poems in both English and Persian languages. A number of his poems have been published in the anthologies, *Voice of Monarch Butterflies (Middle Eastern Anthology by Ten Poets from Ganges to Nile)* and *Apple Fruits of an Old Oak* which are alive on Amazon. He is also the translator and co-editor of *Where Are You From? A Bilingual Anthology in English and Persian.*

**Seyedeh Masoumeh Hosseini** is an illustrator, painter and curator from Tehran, Iran. She got her MA in illustration, and now is a member of the International Watercolor Society. She has participated in several workshops on miniature, watercolor and typography. Masoumeh is the award winning and top selected artist in several festivals including Student Festival of Tehran University and Watercolor Festival, A Country Named Dream Color. She has been implementing a number of ceiling and wall painting projects as well as motionographic and characterization projects. Furthermore, Masoumeh has been the illustrator in several Children Books and teaching in private and governmental galleries and educational centers.

Lightning Source UK Ltd.
Milton Keynes UK
UKHW051824170720
366727UK00006B/113